BRITISH ENGLISH

ENGLISH CZECH

THEME-BASED DICTIONARY

Contains over 3000 commonly used words

T&P BOOKS PUBLISHING

Theme-based dictionary British English-Czech - 3000 words
By Andrey Taranov

T&P Books vocabularies are intended for helping you learn, memorize and review foreign words. The dictionary is divided into themes, covering all major spheres of everyday activities, business, science, culture, etc.

The process of learning words using T&P Books' theme-based dictionaries gives you the following advantages:

- Correctly grouped source information predetermines success at subsequent stages of word memorization
- Availability of words derived from the same root allowing memorization of word units (rather than separate words)
- Small units of words facilitate the process of establishing associative links needed for consolidation of vocabulary
- Level of language knowledge can be estimated by the number of learned words

Copyright © 2018 T&P Books Publishing

All rights reserved No part of this book may be reproduced or utilized in any form or by any means, electronic or mechanical, including photocopying, recording or by information storage and retrieval system, without permission in writing from the publishers.

T&P Books Publishing
www.tpbooks.com

ISBN: 978-1-78400-219-0

This book is also available in E-book formats.
Please visit www.tpbooks.com or the major online bookstores.

CZECH THEME-BASED DICTIONARY
British English collection

T&P Books vocabularies are intended to help you learn, memorize, and review foreign words. The vocabulary contains over 3000 commonly used words arranged thematically.

- Vocabulary contains the most commonly used words
- Recommended as an addition to any language course
- Meets the needs of beginners and advanced learners of foreign languages
- Convenient for daily use, revision sessions, and self-testing activities
- Allows you to assess your vocabulary

Special features of the vocabulary

- Words are organized according to their meaning, not alphabetically
- Words are presented in three columns to facilitate the reviewing and self-testing processes
- Words in groups are divided into small blocks to facilitate the learning process
- The vocabulary offers a convenient and simple transcription of each foreign word

The vocabulary has 101 topics including:

Basic Concepts, Numbers, Colors, Months, Seasons, Units of Measurement, Clothing & Accessories, Food & Nutrition, Restaurant, Family Members, Relatives, Character, Feelings, Emotions, Diseases, City, Town, Sightseeing, Shopping, Money, House, Home, Office, Working in the Office, Import & Export, Marketing, Job Search, Sports, Education, Computer, Internet, Tools, Nature, Countries, Nationalities and more ...

TABLE OF CONTENTS

Pronunciation guide 8
Abbreviations 9

BASIC CONCEPTS 10

1. Pronouns 10
2. Greetings. Salutations 10
3. Questions 11
4. Prepositions 11
5. Function words. Adverbs. Part 1 12
6. Function words. Adverbs. Part 2 13

NUMBERS. MISCELLANEOUS 15

7. Cardinal numbers. Part 1 15
8. Cardinal numbers. Part 2 16
9. Ordinal numbers 16

COLORS. UNITS OF MEASUREMENT 17

10. Colours 17
11. Units of measurement 17
12. Containers 18

MAIN VERBS 20

13. The most important verbs. Part 1 20
14. The most important verbs. Part 2 20
15. The most important verbs. Part 3 21
16. The most important verbs. Part 4 22

TIME. CALENDAR 24

17. Weekdays 24
18. Hours. Day and night 24
19. Months. Seasons 25

TRAVEL. HOTEL 28

20. Trip. Travel 28
21. Hotel 28
22. Sightseeing 29

TRANSPORT 31

23. Airport 31
24. Aeroplane 32
25. Train 32
26. Ship 33

CITY 36

27. Urban transport 36
28. City. Life in the city 37
29. Urban institutions 38
30. Signs 39
31. Shopping 40

CLOTHING & ACCESSORIES 42

32. Outerwear. Coats 42
33. Men's & women's clothing 42
34. Clothing. Underwear 43
35. Headwear 43
36. Footwear 43
37. Personal accessories 44
38. Clothing. Miscellaneous 44
39. Personal care. Cosmetics 45
40. Watches. Clocks 46

EVERYDAY EXPERIENCE 47

41. Money 47
42. Post. Postal service 48
43. Banking 48
44. Telephone. Phone conversation 49
45. Mobile telephone 50
46. Stationery 50
47. Foreign languages 51

MEALS. RESTAURANT 53

48. Table setting 53
49. Restaurant 53
50. Meals 53
51. Cooked dishes 54
52. Food 55

53. Drinks	57
54. Vegetables	58
55. Fruits. Nuts	58
56. Bread. Sweets	59
57. Spices	60

PERSONAL INFORMATION. FAMILY 61

58. Personal information. Forms	61
59. Family members. Relatives	61
60. Friends. Colleagues	62

HUMAN BODY. MEDICINE 64

61. Head	64
62. Human body	65
63. Diseases	65
64. Symptoms. Treatments. Part 1	67
65. Symptoms. Treatments. Part 2	68
66. Symptoms. Treatments. Part 3	69
67. Medicine. Drugs. Accessories	69

FLAT 71

68. Flat	71
69. Furniture. Interior	71
70. Bedding	72
71. Kitchen	72
72. Bathroom	73
73. Household appliances	74

THE EARTH. WEATHER 75

74. Outer space	75
75. The Earth	76
76. Cardinal directions	77
77. Sea. Ocean	77
78. Seas & Oceans names	78
79. Mountains	79
80. Mountains names	80
81. Rivers	80
82. Rivers names	81
83. Forest	81
84. Natural resources	82
85. Weather	83
86. Severe weather. Natural disasters	84

FAUNA 86

| 87. Mammals. Predators | 86 |
| 88. Wild animals | 86 |

89. Domestic animals	87
90. Birds	88
91. Fish. Marine animals	90
92. Amphibians. Reptiles	90
93. Insects	91

FLORA 92

94. Trees	92
95. Shrubs	92
96. Fruits. Berries	93
97. Flowers. Plants	93
98. Cereals, grains	95

COUNTRIES OF THE WORLD 96

99. Countries. Part 1	96
100. Countries. Part 2	97
101. Countries. Part 3	97

PRONUNCIATION GUIDE

T&P phonetic alphabet	Czech example	English example
[a]	lavina [lavɪna]	shorter than in ask
[aː]	banán [banaːn]	calf, palm
[e]	beseda [bɛsɛda]	elm, medal
[ɛː]	chléb [xlɛːp]	longer than bed, fell
[ɪ]	Bible [bɪblɛ]	big, America
[iː]	chudý [xudiː]	feet, meter
[o]	epocha [ɛpoxa]	pod, John
[oː]	diagnóza [dɪagnoːza]	fall, bomb
[u]	dokument [dokumɛnt]	book
[uː]	chůva [xuːva]	pool, room

[b]	babička [babɪtʃka]	baby, book
[ts]	celnice [tsɛlnɪtsɛ]	cats, tsetse fly
[tʃ]	vlčák [vltʃaːk]	church, French
[x]	archeologie [arxɛologɪe]	as in Scots 'loch'
[d]	delfín [dɛlfiːn]	day, doctor
[dʲ]	Holanďan [holandʲan]	median, radio
[f]	atmosféra [atmosfɛːra]	face, food
[g]	galaxie [galaksɪe]	game, gold
[h]	knihovna [knɪhovna]	huge, hat

[j]	jídlo [jiːdlo]	yes, New York
[k]	zaplakat [zaplakat]	clock, kiss
[l]	chlapec [xlapɛts]	lace, people
[m]	modelář [modɛlaːrʃ]	magic, milk
[n]	imunita [ɪmunɪta]	name, normal
[nʲ]	báseň [baːsɛnʲ]	canyon, new
[ŋk]	vstupenka [vstupɛŋka]	bank, trunk
[p]	poločas [polotʃas]	pencil, private
[r]	senátor [sɛnaːtor]	rice, radio

[rʒ], [rʃ]	bouřka [bourʃka]	urgent, flash
[s]	svoboda [svoboda]	city, boss
[ʃ]	šiška [ʃɪʃka]	machine, shark
[t]	turista [turɪsta]	tourist, trip
[tʲ]	poušť [pouʃtʲ]	tune, student
[v]	veverka [vɛvɛrka]	very, river
[z]	zapomínat [zapomiːnat]	zebra, please
[ʒ]	ložisko [loʒɪsko]	forge, pleasure

ABBREVIATIONS
used in the dictionary

English abbreviations

ab.	-	about
adj	-	adjective
adv	-	adverb
anim.	-	animate
as adj	-	attributive noun used as adjective
e.g.	-	for example
etc.	-	et cetera
fam.	-	familiar
fem.	-	feminine
form.	-	formal
inanim.	-	inanimate
masc.	-	masculine
math	-	mathematics
mil.	-	military
n	-	noun
pl	-	plural
pron.	-	pronoun
sb	-	somebody
sing.	-	singular
sth	-	something
v aux	-	auxiliary verb
vi	-	intransitive verb
vi, vt	-	intransitive, transitive verb
vt	-	transitive verb

Czech abbreviations

ž	-	feminine noun
ž mn	-	feminine plural
m	-	masculine noun
m mn	-	masculine plural
m, ž	-	masculine, feminine
mn	-	plural
s	-	neuter
s mn	-	neuter plural

BASIC CONCEPTS

1. Pronouns

I, me	já	[ja:]
you	ty	[tɪ]
he	on	[on]
she	ona	[ona]
we	my	[mɪ]
you (to a group)	vy	[vɪ]
they (inanim.)	ony	[onɪ]
they (anim.)	oni	[onɪ]

2. Greetings. Salutations

Hello! (fam.)	Dobrý den!	[dobri: dɛn]
Hello! (form.)	Dobrý den!	[dobri: dɛn]
Good morning!	Dobré jitro!	[dobrɛ: jɪtro]
Good afternoon!	Dobrý den!	[dobri: dɛn]
Good evening!	Dobrý večer!	[dobri: vɛtʃɛr]
to say hello	zdravit	[zdravɪt]
Hi! (hello)	Ahoj!	[ahoj]
greeting (n)	pozdrav (m)	[pozdraf]
to greet (vt)	zdravit	[zdravɪt]
How are you?	Jak se máte?	[jak sɛ ma:tɛ]
What's new?	Co je nového?	[tso jɛ novɛ:ho]
Bye-Bye! Goodbye!	Na shledanou!	[na sxlɛdanou]
See you soon!	Brzy na shledanou!	[brzɪ na sxlɛdanou]
Farewell!	Sbohem!	[zbohɛm]
to say goodbye	loučit se	[loutʃɪt sɛ]
Cheers!	Ahoj!	[ahoj]
Thank you! Cheers!	Děkuji!	[dekujɪ]
Thank you very much!	Děkuji mnohokrát!	[dekujɪ mnohokra:t]
My pleasure!	Prosím	[prosi:m]
Don't mention it!	Nemoci se dočkat	[nɛmotsɪ sɛ dotʃkat]
It was nothing	Není zač	[nɛni: zatʃ]
Excuse me! (fam.)	Promiň!	[promɪnʲ]
Excuse me! (form.)	Promiňte!	[promɪnʲtɛ]
to excuse (forgive)	omlouvat	[omlouvat]
to apologize (vi)	omlouvat se	[omlouvat sɛ]
My apologies	Má soustrast	[ma: soustrast]

T&P Books. Theme-based dictionary British English-Czech - 3000 words

I'm sorry!	Promiňte!	[promɪnʲtɛ]
to forgive (vt)	omlouvat	[omlouvat]
please (adv)	prosím	[prosi:m]

Don't forget!	Nezapomeňte!	[nɛzapomɛnʲtɛ]
Certainly!	Jistě!	[jɪste]
Of course not!	Rozhodně ne!	[rozhodne nɛ]
Okay! (I agree)	Souhlasím!	[souhlasi:m]
That's enough!	Dost!	[dost]

3. Questions

Who?	Kdo?	[gdo]
What?	Co?	[ʦo]
Where? (at, in)	Kde?	[gdɛ]
Where (to)?	Kam?	[kam]
From where?	Odkud?	[otkut]
When?	Kdy?	[gdɪ]
Why? (What for?)	Proč?	[protʃ]
Why? (~ are you crying?)	Proč?	[protʃ]

What for?	Na co?	[na ʦo]
How? (in what way)	Jak?	[jak]
What? (What kind of …?)	Jaký?	[jaki:]
Which?	Který?	[ktɛri:]

To whom?	Komu?	[komu]
About whom?	O kom?	[o kom]
About what?	O čem?	[o tʃɛm]
With whom?	S kým?	[s ki:m]

How many? How much?	Kolik?	[kolɪk]
Whose?	Čí?	[tʃi:]

4. Prepositions

with (accompanied by)	s, se	[s], [sɛ]
without	bez	[bɛz]
to (indicating direction)	do	[do]
about (talking ~ …)	o	[o]
before (in time)	před	[prʃɛt]
in front of …	před	[prʃɛt]

under (beneath, below)	pod	[pot]
above (over)	nad	[nat]
on (atop)	na	[na]

from (off, out of)	z	[z]
of (made from)	z	[z]

in (e.g. ~ ten minutes)	za	[za]
over (across the top of)	přes	[prʃɛs]

5. Function words. Adverbs. Part 1

Where? (at, in)	Kde?	[gdɛ]
here (adv)	zde	[zdɛ]
there (adv)	tam	[tam]
somewhere (to be)	někde	[negdɛ]
nowhere (not in any place)	nikde	[nɪgdɛ]
by (near, beside)	u ...	[u]
by the window	u okna	[u okna]
Where (to)?	Kam?	[kam]
here (e.g. come ~!)	sem	[sɛm]
there (e.g. to go ~)	tam	[tam]
from here (adv)	odsud	[otsut]
from there (adv)	odtamtud	[odtamtut]
close (adv)	blízko	[bli:sko]
far (adv)	daleko	[dalɛko]
near (e.g. ~ Paris)	kolem	[kolɛm]
nearby (adv)	poblíž	[pobli:ʒ]
not far (adv)	nedaleko	[nɛdalɛko]
left (adj)	levý	[lɛvi:]
on the left	zleva	[zlɛva]
to the left	vlevo	[vlɛvo]
right (adj)	pravý	[pravi:]
on the right	zprava	[sprava]
to the right	vpravo	[vpravo]
in front (adv)	zpředu	[sprʃɛdu]
front (as adj)	přední	[prʃɛdni:]
ahead (the kids ran ~)	vpřed	[vprʃɛt]
behind (adv)	za	[za]
from behind	zezadu	[zɛzadu]
back (towards the rear)	zpět	[spet]
middle	střed (m)	[strʃɛt]
in the middle	uprostřed	[uprostrʃɛt]
at the side	z boku	[z boku]
everywhere (adv)	všude	[vʃudɛ]
around (in all directions)	kolem	[kolɛm]
from inside	zevnitř	[zɛvnɪtrʃ]
somewhere (to go)	někam	[nekam]
straight (directly)	přímo	[prʃi:mo]
back (e.g. come ~)	zpět	[spet]
from anywhere	odněkud	[odnekut]
from somewhere	odněkud	[odnekut]

firstly (adv)	za prvé	[za prvɛ:]
secondly (adv)	za druhé	[za druhɛ:]
thirdly (adv)	za třetí	[za trʃɛti:]

suddenly (adv)	najednou	[najɛdnou]
at first (in the beginning)	zpočátku	[spotʃa:tku]
for the first time	poprvé	[poprvɛ:]
long before ...	dávno před ...	[da:vno prʃɛt]
anew (over again)	znovu	[znovu]
for good (adv)	navždy	[navʒdɪ]

never (adv)	nikdy	[nɪgdɪ]
again (adv)	opět	[opet]
now (at present)	nyní	[nɪni:]
often (adv)	často	[tʃasto]
then (adv)	tehdy	[tɛhdɪ]
urgently (quickly)	neodkladně	[nɛotkladne]
usually (adv)	obyčejně	[obɪtʃɛjne]

by the way, ...	mimochodem	[mɪmoxodɛm]
possibly	možná	[moʒna:]
probably (adv)	asi	[asɪ]
maybe (adv)	možná	[moʒna:]
besides ...	kromě toho ...	[kromne toho]
that's why ...	proto ...	[proto]
in spite of ...	nehledě na ...	[nɛhlɛde na]
thanks to ...	díky ...	[di:kɪ]

what (pron.)	co	[tso]
that (conj.)	že	[ʒe]
something	něco	[netso]
anything (something)	něco	[netso]
nothing	nic	[nɪts]

who (pron.)	kdo	[gdo]
someone	někdo	[negdo]
somebody	někdo	[negdo]

nobody	nikdo	[nɪgdo]
nowhere (a voyage to ~)	nikam	[nɪkam]
nobody's	ničí	[nɪtʃi:]
somebody's	něčí	[netʃi:]

so (I'm ~ glad)	tak	[tak]
also (as well)	také	[takɛ:]
too (as well)	také	[takɛ:]

6. Function words. Adverbs. Part 2

Why?	Proč?	[protʃ]
for some reason	z nějakých důvodů	[z nejaki:x du:vodu:]
because ...	protože ...	[protoʒe]
for some purpose	z nějakých důvodů	[z nejaki:x du:vodu:]
and	a	[a]

or	nebo	[nɛbo]
but	ale	[alɛ]
for (e.g. ~ me)	pro	[pro]

too (excessively)	příliš	[prʃiːlɪʃ]
only (exclusively)	jenom	[jɛnom]
exactly (adv)	přesně	[prʃɛsne]
about (more or less)	kolem	[kolɛm]

approximately (adv)	přibližně	[prʃɪblɪʒne]
approximate (adj)	přibližný	[prʃɪblɪʒniː]
almost (adv)	skoro	[skoro]
the rest	zbytek (m)	[zbɪtɛk]

each (adj)	každý	[kaʒdiː]
any (no matter which)	každý	[kaʒdiː]
many, much (a lot of)	mnoho	[mnoho]
many people	mnozí	[mnoziː]
all (everyone)	všichni	[vʃɪxnɪ]

in return for ...	výměnou za ...	[viːmnenou za]
in exchange (adv)	místo	[miːsto]
by hand (made)	ručně	[rutʃne]
hardly (negative opinion)	sotva	[sotva]

probably (adv)	asi	[asɪ]
on purpose (intentionally)	schválně	[sxvaːlne]
by accident (adv)	náhodou	[naːhodou]

very (adv)	velmi	[vɛlmɪ]
for example (adv)	například	[naprʃiːklat]
between	mezi	[mɛzɪ]
among	mezi	[mɛzɪ]
so much (such a lot)	tolik	[tolɪk]
especially (adv)	zejména	[zɛjmɛːna]

NUMBERS. MISCELLANEOUS

7. Cardinal numbers. Part 1

0 zero	nula (ž)	[nula]
1 one	jeden	[jɛdɛn]
2 two	dva	[dva]
3 three	tři	[trʃɪ]
4 four	čtyři	[tʃtɪrʒɪ]

5 five	pět	[pet]
6 six	šest	[ʃɛst]
7 seven	sedm	[sɛdm]
8 eight	osm	[osm]
9 nine	devět	[dɛvet]

10 ten	deset	[dɛsɛt]
11 eleven	jedenáct	[jɛdɛna:tst]
12 twelve	dvanáct	[dvana:tst]
13 thirteen	třináct	[trʃɪna:tst]
14 fourteen	čtrnáct	[tʃtrna:tst]

15 fifteen	patnáct	[patna:tst]
16 sixteen	šestnáct	[ʃɛstna:tst]
17 seventeen	sedmnáct	[sɛdmna:tst]
18 eighteen	osmnáct	[osmna:tst]
19 nineteen	devatenáct	[dɛvatɛna:tst]

20 twenty	dvacet	[dvatsɛt]
21 twenty-one	dvacet jeden	[dvatsɛt jɛdɛn]
22 twenty-two	dvacet dva	[dvatsɛt dva]
23 twenty-three	dvacet tři	[dvatsɛt trʃɪ]

30 thirty	třicet	[trʃɪtsɛt]
31 thirty-one	třicet jeden	[trʃɪtsɛt jɛdɛn]
32 thirty-two	třicet dva	[trʃɪtsɛt dva]
33 thirty-three	třicet tři	[trʃɪtsɛt trʃɪ]

40 forty	čtyřicet	[tʃtɪrʒɪtsɛt]
41 forty-one	čtyřicet jeden	[tʃtɪrʒɪtsɛt jɛdɛn]
42 forty-two	čtyřicet dva	[tʃtɪrʒɪtsɛt dva]
43 forty-three	čtyřicet tři	[tʃtɪrʒɪtsɛt trʃɪ]

50 fifty	padesát	[padesa:t]
51 fifty-one	padesát jeden	[padesa:t jɛdɛn]
52 fifty-two	padesát dva	[padesa:t dva]
53 fifty-three	padesát tři	[padesa:t trʃɪ]

| 60 sixty | šedesát | [ʃɛdɛsa:t] |
| 61 sixty-one | šedesát jeden | [ʃɛdɛsa:t jɛdɛn] |

| 62 sixty-two | šedesát dva | [ʃɛdɛsaːt dva] |
| 63 sixty-three | šedesát tři | [ʃɛdɛsaːt trʃɪ] |

70 seventy	sedmdesát	[sɛdmdɛsaːt]
71 seventy-one	sedmdesát jeden	[sɛdmdɛsaːt jɛdɛn]
72 seventy-two	sedmdesát dva	[sɛdmdɛsaːt dva]
73 seventy-three	sedmdesát tři	[sɛdmdɛsaːt trʃɪ]

80 eighty	osmdesát	[osmdɛsaːt]
81 eighty-one	osmdesát jeden	[osmdɛsaːt jɛdɛn]
82 eighty-two	osmdesát dva	[osmdɛsaːt dva]
83 eighty-three	osmdesát tři	[osmdɛsaːt trʃɪ]

90 ninety	devadesát	[dɛvadɛsaːt]
91 ninety-one	devadesát jeden	[dɛvadɛsaːt jɛdɛn]
92 ninety-two	devadesát dva	[dɛvadɛsaːt dva]
93 ninety-three	devadesát tři	[dɛvadɛsaːt trʃɪ]

8. Cardinal numbers. Part 2

100 one hundred	sto	[sto]
200 two hundred	dvě stě	[dve ste]
300 three hundred	tři sta	[trʃɪ sta]
400 four hundred	čtyři sta	[tʃtɪrʒɪ sta]
500 five hundred	pět set	[pet sɛt]

600 six hundred	šest set	[ʃɛst sɛt]
700 seven hundred	sedm set	[sɛdm sɛt]
800 eight hundred	osm set	[osm sɛt]
900 nine hundred	devět set	[dɛvet sɛt]

1000 one thousand	tisíc (m)	[tɪsiːts]
2000 two thousand	dva tisíce	[dva tɪsiːtsɛ]
3000 three thousand	tři tisíce	[trʃɪ tɪsiːtsɛ]
10000 ten thousand	deset tisíc	[dɛsɛt tɪsiːts]
one hundred thousand	sto tisíc	[sto tɪsiːts]
million	milión (m)	[mɪltoːn]
billion	miliarda (ž)	[mɪlɪarda]

9. Ordinal numbers

first (adj)	první	[prvniː]
second (adj)	druhý	[druhiː]
third (adj)	třetí	[trʃɛtiː]
fourth (adj)	čtvrtý	[tʃtvrtiː]
fifth (adj)	pátý	[paːtiː]

sixth (adj)	šestý	[ʃɛstiː]
seventh (adj)	sedmý	[sɛdmiː]
eighth (adj)	osmý	[osmiː]
ninth (adj)	devátý	[dɛvaːtiː]
tenth (adj)	desátý	[dɛsaːtiː]

COLORS. UNITS OF MEASUREMENT

10. Colours

colour	barva (ž)	[barva]
shade (tint)	odstín (m)	[otstiːn]
hue	tón (m)	[toːn]
rainbow	duha (ž)	[duha]
white (adj)	bílý	[biːliː]
black (adj)	černý	[tʃɛrniː]
grey (adj)	šedý	[ʃɛdiː]
green (adj)	zelený	[zɛlɛniː]
yellow (adj)	žlutý	[ʒlutiː]
red (adj)	červený	[tʃɛrvɛniː]
blue (adj)	modrý	[modriː]
light blue (adj)	bledě modrý	[blɛde modriː]
pink (adj)	růžový	[ruːʒoviː]
orange (adj)	oranžový	[oranʒoviː]
violet (adj)	fialový	[fɪaloviː]
brown (adj)	hnědý	[hnediː]
golden (adj)	zlatý	[zlatiː]
silvery (adj)	stříbřitý	[strʃiːbrʒɪtiː]
beige (adj)	béžový	[bɛːʒoviː]
cream (adj)	krémový	[krɛːmoviː]
turquoise (adj)	tyrkysový	[tɪrkɪsoviː]
cherry red (adj)	višňový	[vɪʃɲʲoviː]
lilac (adj)	lila	[lɪla]
crimson (adj)	malinový	[malɪnoviː]
light (adj)	světlý	[svetliː]
dark (adj)	tmavý	[tmaviː]
bright, vivid (adj)	jasný	[jasniː]
coloured (pencils)	barevný	[barɛvniː]
colour (e.g. ~ film)	barevný	[barɛvniː]
black-and-white (adj)	černobílý	[tʃɛrnobiːliː]
plain (one-coloured)	jednobarevný	[jɛdnobarɛvniː]
multicoloured (adj)	různobarevný	[ruːznobarɛvniː]

11. Units of measurement

weight	váha (ž)	[vaːha]
length	délka (ž)	[dɛːlka]

width	šířka (ž)	[ʃiːrʃka]
height	výška (ž)	[viːʃka]
depth	hloubka (ž)	[hloupka]
volume	objem (m)	[objɛm]
area	plocha (ž)	[ploxa]

gram	gram (m)	[gram]
milligram	miligram (m)	[mɪlɪgram]
kilogram	kilogram (m)	[kɪlogram]
ton	tuna (ž)	[tuna]
pound	libra (ž)	[lɪbra]
ounce	unce (ž)	[untsɛ]

metre	metr (m)	[mɛtr]
millimetre	milimetr (m)	[mɪlɪmɛtr]
centimetre	centimetr (m)	[tsɛntɪmɛtr]
kilometre	kilometr (m)	[kɪlomɛtr]
mile	míle (ž)	[miːlɛ]

inch	coul (m)	[tsoul]
foot	stopa (ž)	[stopa]
yard	yard (m)	[jart]

| square metre | čtvereční metr (m) | [tʃtvɛrɛtʃniː mɛtr] |
| hectare | hektar (m) | [hɛktar] |

litre	litr (m)	[lɪtr]
degree	stupeň (m)	[stupɛnʲ]
volt	volt (m)	[volt]
ampere	ampér (m)	[ampɛːr]
horsepower	koňská síla (ž)	[konʲska siːla]

quantity	množství (s)	[mnoʒstviː]
a little bit of ...	trochu ...	[troxu]
half	polovina (ž)	[polovɪna]
dozen	tucet (m)	[tutsɛt]
piece (item)	kus (m)	[kus]

| size | rozměr (m) | [rozmner] |
| scale (map ~) | měřítko (s) | [mnɛrʒiːtko] |

minimal (adj)	minimální	[mɪnɪmaːlniː]
the smallest (adj)	nejmenší	[nɛjmɛnʃiː]
medium (adj)	střední	[strʃɛdniː]
maximal (adj)	maximální	[maksɪmaːlniː]
the largest (adj)	největší	[nɛjvɛtʃiː]

12. Containers

canning jar (glass ~)	sklenice (ž)	[sklɛnɪtsɛ]
tin, can	plechovka (ž)	[plɛxofka]
bucket	vědro (s)	[vedro]
barrel	sud (m)	[sut]
wash basin (e.g., plastic ~)	mísa (ž)	[miːsa]

tank (100L water ~)	nádrž (ž)	[naːdrʃ]
hip flask	plochá láhev (ž)	[ploxaː laːgɛf]
jerrycan	kanystr (m)	[kanɪstr]
tank (e.g., tank car)	cisterna (ž)	[tsɪstɛrna]

mug	hrníček (m)	[hrniːtʃɛk]
cup (of coffee, etc.)	šálek (m)	[ʃaːlɛk]
saucer	talířek (m)	[taliːrʒɛk]
glass (tumbler)	sklenice (ž)	[sklɛnɪtsɛ]
wine glass	sklenka (ž)	[sklɛŋka]
stock pot (soup pot)	hrnec (m)	[hrnɛts]

| bottle (~ of wine) | láhev (ž) | [laːhɛf] |
| neck (of the bottle, etc.) | hrdlo (s) | [hrdlo] |

carafe (decanter)	karafa (ž)	[karafa]
pitcher	džbán (m)	[dʒbaːn]
vessel (container)	nádoba (ž)	[naːdoba]
pot (crock, stoneware ~)	hrnec (m)	[hrnɛts]
vase	váza (ž)	[vaːza]

flacon, bottle (perfume ~)	flakón (m)	[flakoːn]
vial, small bottle	lahvička (ž)	[lahvɪtʃka]
tube (of toothpaste)	tuba (ž)	[tuba]

sack (bag)	pytel (m)	[pɪtɛl]
bag (paper ~, plastic ~)	sáček (m)	[saːtʃɛk]
packet (of cigarettes, etc.)	balíček (m)	[baliːtʃɛk]

box (e.g. shoebox)	krabice (ž)	[krabɪtsɛ]
crate	schránka (ž)	[sxraːŋka]
basket	koš (m)	[koʃ]

MAIN VERBS

13. The most important verbs. Part 1

to advise (vt)	radit	[radɪt]
to agree (say yes)	souhlasit	[souhlasɪt]
to answer (vi, vt)	odpovídat	[otpoviːdat]
to apologize (vi)	omlouvat se	[omlouvat sɛ]
to arrive (vi)	přijíždět	[prʃɪjiːʒdet]
to ask (~ oneself)	ptát se	[ptaːt sɛ]
to ask (~ sb to do sth)	prosit	[prosɪt]
to be (vi)	být	[biːt]
to be afraid	bát se	[baːt sɛ]
to be hungry	mít hlad	[miːt hlat]
to be interested in …	zajímat se	[zajiːmat sɛ]
to be needed	být potřebný	[biːt potrʃɛbniː]
to be surprised	divit se	[dɪvɪt sɛ]
to be thirsty	mít žízeň	[miːt ʒiːzɛnʲ]
to begin (vt)	začínat	[zatʃiːnat]
to belong to …	patřit	[patrʃɪt]
to boast (vi)	vychloubat se	[vɪxloubat sɛ]
to break (split into pieces)	lámat	[laːmat]
to call (~ for help)	volat	[volat]
can (v aux)	moci	[motsɪ]
to catch (vt)	chytat	[xɪtat]
to change (vt)	změnit	[zmnenɪt]
to choose (select)	vybírat	[vɪbiːrat]
to come down (the stairs)	jít dolů	[jiːt doluː]
to compare (vt)	porovnávat	[porovnaːvat]
to complain (vi, vt)	stěžovat si	[stɛʒovat sɪ]
to confuse (mix up)	plést	[plɛːst]
to continue (vt)	pokračovat	[pokratʃovat]
to control (vt)	kontrolovat	[kontrolovat]
to cook (dinner)	vařit	[varʒɪt]
to cost (vt)	stát	[staːt]
to count (add up)	počítat	[potʃiːtat]
to count on …	spoléhat na …	[spolɛːhat na]
to create (vt)	vytvořit	[vɪtvorʒɪt]
to cry (weep)	plakat	[plakat]

14. The most important verbs. Part 2

to deceive (vi, vt)	podvádět	[podvaːdet]
to decorate (tree, street)	zdobit	[zdobɪt]

to defend (a country, etc.)	bránit	[braːnɪt]
to demand (request firmly)	žádat	[ʒaːdat]
to dig (vt)	rýt	[riːt]

to discuss (vt)	projednávat	[projɛdnaːvat]
to do (vt)	dělat	[delat]
to doubt (have doubts)	pochybovat	[poxɪbovat]
to drop (let fall)	pouštět	[pouʃtet]
to enter (room, house, etc.)	vcházet	[vxaːzet]

to exist (vi)	existovat	[ɛgzɪstovat]
to expect (foresee)	předvídat	[prʃɛdviːdat]
to explain (vt)	vysvětlovat	[vɪsvetlovat]
to fall (vi)	padat	[padat]

to fancy (vt)	líbit se	[liːbɪt sɛ]
to find (vt)	nacházet	[naxaːzɛt]
to finish (vt)	končit	[kontʃɪt]
to fly (vi)	letět	[lɛtet]
to follow ... (come after)	následovat	[naːslɛdovat]

to forget (vi, vt)	zapomínat	[zapomiːnat]
to forgive (vt)	odpouštět	[otpouʃtet]
to give (vt)	dávat	[daːvat]
to give a hint	narážet	[naraːʒet]
to go (on foot)	jít	[jiːt]

to go for a swim	koupat se	[koupat sɛ]
to go out (for dinner, etc.)	vycházet	[vɪxaːzɛt]
to guess (the answer)	rozluštit	[rozluʃtɪt]

to have (vt)	mít	[miːt]
to have breakfast	snídat	[sniːdat]
to have dinner	večeřet	[vɛtʃɛrʒɛt]
to have lunch	obědvat	[obedvat]
to hear (vt)	slyšet	[slɪʃɛt]

to help (vt)	pomáhat	[pomaːhat]
to hide (vt)	schovávat	[sxovaːvat]
to hope (vi, vt)	doufat	[doufat]
to hunt (vi, vt)	lovit	[lovɪt]
to hurry (vi)	spěchat	[spexat]

15. The most important verbs. Part 3

to inform (vt)	informovat	[ɪnformovat]
to insist (vi, vt)	trvat	[trvat]
to insult (vt)	urážet	[uraːʒet]
to invite (vt)	zvát	[zvaːt]
to joke (vi)	žertovat	[ʒertovat]

to keep (vt)	zachovávat	[zaxovaːvat]
to keep silent, to hush	mlčet	[mltʃɛt]
to kill (vt)	zabíjet	[zabiːjɛt]

21

to know (sb)	znát	[znaːt]
to know (sth)	vědět	[vedet]
to laugh (vi)	smát se	[smaːt sɛ]

to liberate (city, etc.)	osvobozovat	[osvobozovat]
to look for ... (search)	hledat	[hlɛdat]
to love (sb)	milovat	[mɪlovat]
to make a mistake	mýlit se	[miːlɪt sɛ]
to manage, to run	řídit	[rʒiːdɪt]

to mean (signify)	znamenat	[znamɛnat]
to mention (talk about)	zmiňovat se	[zmɪnʲovat sɛ]
to miss (school, etc.)	zameškávat	[zameʃkaːvat]
to notice (see)	všímat si	[vʃiːmat sɪ]
to object (vi, vt)	namítat	[namiːtat]

to observe (see)	pozorovat	[pozorovat]
to open (vt)	otvírat	[otviːrat]
to order (meal, etc.)	objednávat	[objɛdnaːvat]
to order (mil.)	rozkazovat	[roskazovat]
to own (possess)	vlastnit	[vlastnɪt]

to participate (vi)	zúčastnit se	[zuːtʃastnɪt sɛ]
to pay (vi, vt)	platit	[platɪt]
to permit (vt)	dovolovat	[dovolovat]
to plan (vt)	plánovat	[plaːnovat]
to play (children)	hrát	[hraːt]

to pray (vi, vt)	modlit se	[modlɪt sɛ]
to prefer (vt)	dávat přednost	[daːvat prʃɛdnost]
to promise (vt)	slibovat	[slɪbovat]
to pronounce (vt)	vyslovovat	[vɪslovovat]
to propose (vt)	nabízet	[nabiːzɛt]
to punish (vt)	trestat	[trɛstat]

16. The most important verbs. Part 4

to read (vi, vt)	číst	[tʃiːst]
to recommend (vt)	doporučovat	[doporutʃovat]
to refuse (vi, vt)	odmítat	[odmiːtat]
to regret (be sorry)	litovat	[lɪtovat]
to rent (sth from sb)	pronajímat si	[pronajiːmat sɪ]

to repeat (say again)	opakovat	[opakovat]
to reserve, to book	rezervovat	[rɛzɛrvovat]
to run (vi)	běžet	[beʒet]
to save (rescue)	zachraňovat	[zaxranʲovat]

to say (~ thank you)	říci	[rʒiːtsɪ]
to scold (vt)	nadávat	[nadaːvat]
to see (vt)	vidět	[vɪdet]
to sell (vt)	prodávat	[prodaːvat]
to send (vt)	odesílat	[odɛsiːlat]
to shoot (vi)	střílet	[strʃiːlɛt]

to shout (vi)	křičet	[krʃɪtʃɛt]
to show (vt)	ukazovat	[ukazovat]
to sign (document)	podepisovat	[podɛpɪsovat]
to sit down (vi)	sednout si	[sɛdnout sɪ]
to smile (vi)	usmívat se	[usmiːvat sɛ]
to speak (vi, vt)	mluvit	[mluvɪt]
to steal (money, etc.)	krást	[kraːst]
to stop (for pause, etc.)	zastavovat se	[zastavovat sɛ]
to stop (please ~ calling me)	zastavovat	[zastavovat]
to study (vt)	studovat	[studovat]
to swim (vi)	plavat	[plavat]
to take (vt)	brát	[braːt]
to think (vi, vt)	myslit	[mɪslɪt]
to threaten (vt)	vyhrožovat	[vɪhroʒovat]
to touch (with hands)	dotýkat se	[dotiːkat sɛ]
to translate (vt)	překládat	[prʃɛklaːdat]
to trust (vt)	důvěřovat	[duːvɛrʒovat]
to try (attempt)	zkoušet	[skouʃɛt]
to turn (e.g., ~ left)	zatáčet	[zataːtʃɛt]
to underestimate (vt)	podceňovat	[podtsɛnʲovat]
to understand (vt)	rozumět	[rozumnet]
to unite (vt)	sjednocovat	[sjɛdnotsovat]
to wait (vt)	čekat	[tʃɛkat]
to want (wish, desire)	chtít	[xtiːt]
to warn (vt)	upozorňovat	[upozornʲovat]
to work (vi)	pracovat	[pratsovat]
to write (vt)	psát	[psaːt]
to write down	zapisovat si	[zapɪsovat sɪ]

TIME. CALENDAR

17. Weekdays

Monday	pondělí (s)	[pondeli:]
Tuesday	úterý (s)	[u:tɛri:]
Wednesday	středa (ž)	[strʃɛda]
Thursday	čtvrtek (m)	[tʃtvrtɛk]
Friday	pátek (m)	[pa:tɛk]
Saturday	sobota (ž)	[sobota]
Sunday	neděle (ž)	[nɛdelɛ]
today (adv)	dnes	[dnɛs]
tomorrow (adv)	zítra	[zi:tra]
the day after tomorrow	pozítří	[pozi:trʃi:]
yesterday (adv)	včera	[vtʃera]
the day before yesterday	předevčírem	[prʃɛdɛvtʃi:rɛm]
day	den (m)	[dɛn]
working day	pracovní den (m)	[pratsovni: dɛn]
public holiday	sváteční den (m)	[sva:tɛtʃni: dɛn]
day off	volno (s)	[volno]
weekend	víkend (m)	[vi:kɛnt]
all day long	celý den	[tsɛli: dɛn]
the next day (adv)	příští den	[prʃi:ʃti: dɛn]
two days ago	před dvěma dny	[prʃɛd dvema dnɪ]
the day before	den předtím	[dɛn prʃɛdti:m]
daily (adj)	denní	[dɛnni:]
every day (adv)	denně	[dɛnne]
week	týden (m)	[ti:dɛn]
last week (adv)	minulý týden	[mɪnuli: ti:dɛn]
next week (adv)	příští týden	[prʃi:ʃti: ti:dɛn]
weekly (adj)	týdenní	[ti:dɛnni:]
every week (adv)	týdně	[ti:dne]
twice a week	dvakrát týdně	[dvakra:t ti:dne]
every Tuesday	každé úterý	[kaʒdɛ: u:tɛri:]

18. Hours. Day and night

morning	ráno (s)	[ra:no]
in the morning	ráno	[ra:no]
noon, midday	poledne (s)	[polɛdnɛ]
in the afternoon	odpoledne	[otpolɛdnɛ]
evening	večer (m)	[vɛtʃɛr]
in the evening	večer	[vɛtʃɛr]

T&P Books. Theme-based dictionary British English-Czech - 3000 words

night	noc (ž)	[nots]
at night	v noci	[v notsɪ]
midnight	půlnoc (ž)	[puːlnots]

second	sekunda (ž)	[sɛkunda]
minute	minuta (ž)	[mɪnuta]
hour	hodina (ž)	[hodɪna]
half an hour	půlhodina (ž)	[puːlhodɪna]
a quarter-hour	čtvrthodina (ž)	[tʃtvrthodɪna]
fifteen minutes	patnáct minut	[patnaːtst mɪnut]
24 hours	den a noc	[dɛn a nots]

sunrise	východ (m) slunce	[viːxod sluntsɛ]
dawn	úsvit (m)	[uːsvɪt]
early morning	časné ráno (s)	[tʃasnɛː raːno]
sunset	západ (m) slunce	[zaːpat sluntsɛ]

early in the morning	brzy ráno	[brzɪ raːno]
this morning	dnes ráno	[dnɛs raːno]
tomorrow morning	zítra ráno	[ziːtra raːno]

this afternoon	dnes odpoledne	[dnɛs otpolɛdnɛ]
in the afternoon	odpoledne	[otpolɛdnɛ]
tomorrow afternoon	zítra odpoledne	[ziːtra otpolɛdnɛ]

| tonight (this evening) | dnes večer | [dnɛs vɛtʃɛr] |
| tomorrow night | zítra večer | [ziːtra vɛtʃɛr] |

at 3 o'clock sharp	přesně ve tři hodiny	[prʃɛsnɛ vɛ trʃɪ hodɪnɪ]
about 4 o'clock	kolem čtyř hodin	[kolɛm tʃtɪrʒ hodɪn]
by 12 o'clock	do dvanácti hodin	[do dvanaːtstɪ hodɪn]

in 20 minutes	za dvacet minut	[za dvatsɛt mɪnut]
in an hour	za hodinu	[za hodɪnu]
on time (adv)	včas	[vtʃas]

a quarter to ...	tři čtvrtě	[trʃɪ tʃtvrte]
within an hour	během hodiny	[bɛhɛm hodɪnɪ]
every 15 minutes	každých patnáct minut	[kaʒdiːx patnaːtst mɪnut]
round the clock	celodenně	[tsɛlodɛnne]

19. Months. Seasons

January	leden (m)	[lɛdɛn]
February	únor (m)	[uːnor]
March	březen (m)	[brʒɛzɛn]
April	duben (m)	[dubɛn]
May	květen (m)	[kvetɛn]
June	červen (m)	[tʃɛrvɛn]

July	červenec (m)	[tʃɛrvɛnɛts]
August	srpen (m)	[srpɛn]
September	září (s)	[zaːrʒiː]
October	říjen (m)	[rʒiːjɛn]

25

| November | listopad (m) | [lɪstopat] |
| December | prosinec (m) | [prosɪnɛts] |

spring	jaro (s)	[jaro]
in spring	na jaře	[na jarʒɛ]
spring (as adj)	jarní	[jarni:]

summer	léto (s)	[lɛ:to]
in summer	v létě	[v lɛ:te]
summer (as adj)	letní	[lɛtni:]

autumn	podzim (m)	[podzɪm]
in autumn	na podzim	[na podzɪm]
autumn (as adj)	podzimní	[podzɪmni:]

winter	zima (ž)	[zɪma]
in winter	v zimě	[v zɪmne]
winter (as adj)	zimní	[zɪmni:]

month	měsíc (m)	[mnesi:ts]
this month	tento měsíc	[tɛnto mnesi:ts]
next month	příští měsíc	[prʃi:ʃti: mnesi:ts]
last month	minulý měsíc	[mɪnuli: mnesi:ts]

a month ago	před měsícem	[prʃɛd mnesi:tsɛm]
in a month (a month later)	za měsíc	[za mnesi:ts]
in 2 months (2 months later)	za dva měsíce	[za dva mnesi:tsɛ]
the whole month	celý měsíc	[tsɛli: mnesi:ts]
all month long	celý měsíc	[tsɛli: mnesi:ts]

monthly (~ magazine)	měsíční	[mnesi:tʃni:]
monthly (adv)	každý měsíc	[kaʒdi: mnesi:ts]
every month	měsíčně	[mnesi:tʃne]
twice a month	dvakrát měsíčně	[dvakra:t mnesi:tʃne]

year	rok (m)	[rok]
this year	letos	[lɛtos]
next year	příští rok	[prʃi:ʃti: rok]
last year	vloni	[vlonɪ]

a year ago	před rokem	[prʃɛd rokɛm]
in a year	za rok	[za rok]
in two years	za dva roky	[za dva rokɪ]
the whole year	celý rok	[tsɛli: rok]
all year long	celý rok	[tsɛli: rok]

every year	každý rok	[kaʒdi: rok]
annual (adj)	každoroční	[kaʒdorotʃni:]
annually (adv)	každoročně	[kaʒdorotʃne]
4 times a year	čtyřikrát za rok	[tʃtɪrʒɪkra:t za rok]

date (e.g. today's ~)	datum (s)	[datum]
date (e.g. ~ of birth)	datum (s)	[datum]
calendar	kalendář (m)	[kalɛnda:rʃ]
half a year	půl roku	[pu:l roku]
six months	půlrok (m)	[pu:lrok]

| season (summer, etc.) | **období** (s) | [obdobi:] |
| century | **století** (s) | [stolɛti:] |

TRAVEL. HOTEL

20. Trip. Travel

tourism, travel	turistika (ž)	[turɪstɪka]
tourist	turista (m)	[turɪsta]
trip, voyage	cestování (s)	[tsɛstovaːniː]
adventure	příhoda (ž)	[prʃiːhoda]
trip, journey	cesta (ž)	[tsɛsta]
holiday	dovolená (ž)	[dovolɛnaː]
to be on holiday	mít dovolenou	[miːt dovolɛnou]
rest	odpočinek (m)	[otpotʃɪnɛk]
train	vlak (m)	[vlak]
by train	vlakem	[vlakɛm]
aeroplane	letadlo (s)	[lɛtadlo]
by aeroplane	letadlem	[lɛtadlɛm]
by car	autem	[autɛm]
by ship	lodí	[lodiː]
luggage	zavazadla (s mn)	[zavazadla]
suitcase	kufr (m)	[kufr]
luggage trolley	vozík (m) na zavazadla	[voziːk na zavazadla]
passport	pas (m)	[pas]
visa	vízum (s)	[viːzum]
ticket	jízdenka (ž)	[jiːzdɛŋka]
air ticket	letenka (ž)	[lɛtɛŋka]
guidebook	průvodce (m)	[pruːvodtsɛ]
map (tourist ~)	mapa (ž)	[mapa]
area (rural ~)	krajina (ž)	[krajɪna]
place, site	místo (s)	[miːsto]
exotica (n)	exotika (ž)	[ɛgzotɪka]
exotic (adj)	exotický	[ɛgzotɪtskiː]
amazing (adj)	podivuhodný	[podɪvuhodniː]
group	skupina (ž)	[skupɪna]
excursion, sightseeing tour	výlet (m)	[viːlɛt]
guide (person)	průvodce (m)	[pruːvodtsɛ]

21. Hotel

hotel	hotel (m)	[hotɛl]
motel	motel (m)	[motɛl]
three-star (~ hotel)	tři hvězdy	[trʃɪ hvɛzdɪ]

five-star	pět hvězd	[pet hvezt]
to stay (in a hotel, etc.)	ubytovat se	[ubɪtovat sɛ]
room	pokoj (m)	[pokoj]
single room	jednolůžkový pokoj (m)	[jɛdnolu:ʃkovi: pokoj]
double room	dvoulůžkový pokoj (m)	[dvoulu:ʃkovi: pokoj]
to book a room	rezervovat pokoj	[rɛzɛrvovat pokoj]
half board	polopenze (ž)	[polopɛnzɛ]
full board	plná penze (ž)	[plna: pɛnzɛ]
with bath	s koupelnou	[s koupɛlnou]
with shower	se sprchou	[sɛ sprxou]
satellite television	satelitní televize (ž)	[satɛlɪtni: tɛlɛvɪzɛ]
air-conditioner	klimatizátor (m)	[klɪmatɪza:tor]
towel	ručník (m)	[rutʃni:k]
key	klíč (m)	[kli:tʃ]
administrator	recepční (m)	[rɛtsɛptʃni:]
chambermaid	pokojská (ž)	[pokojska:]
porter	nosič (m)	[nosɪtʃ]
doorman	vrátný (m)	[vra:tni:]
restaurant	restaurace (ž)	[rɛstauratsɛ]
pub, bar	bar (m)	[bar]
breakfast	snídaně (ž)	[sni:dane]
dinner	večeře (ž)	[vɛtʃɛrʒɛ]
buffet	obložený stůl (m)	[obloʒeni: stu:l]
lobby	vstupní hala (ž)	[vstupni: hala]
lift	výtah (m)	[vi:tax]
DO NOT DISTURB	NERUŠIT	[nɛruʃɪt]
NO SMOKING	ZÁKAZ KOUŘENÍ	[za:kaz kourʒɛni:]

22. Sightseeing

monument	památka (ž)	[pama:tka]
fortress	pevnost (ž)	[pɛvnost]
palace	palác (m)	[pala:ts]
castle	zámek (m)	[za:mɛk]
tower	věž (ž)	[veʃ]
mausoleum	mauzoleum (s)	[mauzolɛum]
architecture	architektura (ž)	[arxɪtɛktura]
medieval (adj)	středověký	[strʃɛdoveki:]
ancient (adj)	starobylý	[starobɪli:]
national (adj)	národní	[na:rodni:]
famous (monument, etc.)	známý	[zna:mi:]
tourist	turista (m)	[turɪsta]
guide (person)	průvodce (m)	[pru:vodtsɛ]
excursion, sightseeing tour	výlet (m)	[vi:lɛt]
to show (vt)	ukazovat	[ukazovat]

to tell (vt)	povídat	[povi:dat]
to find (vt)	najít	[naji:t]
to get lost (lose one's way)	ztratit se	[stratɪtsɛ]
map (e.g. underground ~)	plán (m)	[pla:n]
map (e.g. city ~)	plán (m)	[pla:n]
souvenir, gift	suvenýr (m)	[suvɛni:r]
gift shop	prodejna (ž) suvenýrů	[prodɛjna suvɛni:ru:]
to take pictures	fotografovat	[fotografovat]
to have one's picture taken	fotografovat se	[fotografovat sɛ]

TRANSPORT

23. Airport

airport	letiště (s)	[lɛtɪʃtɛ]
aeroplane	letadlo (s)	[lɛtadlo]
airline	letecká společnost (ž)	[lɛtɛtska: spolɛtʃnost]
air traffic controller	dispečer (m)	[dɪspɛtʃɛr]

departure	odlet (m)	[odlɛt]
arrival	přílet (m)	[prʃi:lɛt]
to arrive (by plane)	přiletět	[prʃɪlɛtet]

departure time	čas (m) odletu	[tʃas odlɛtu]
arrival time	čas (m) příletu	[tʃas prʃilɛtu]

to be delayed	mít zpoždění	[mi:t spoʒdɛni:]
flight delay	zpoždění (s) odletu	[spoʒdeni: odlɛtu]

information board	informační tabule (ž)	[ɪnformatʃni: tabulɛ]
information	informace (ž)	[ɪnformatsɛ]
to announce (vt)	hlásit	[hla:sɪt]
flight (e.g. next ~)	let (m)	[lɛt]
customs	celnice (ž)	[tsɛlnɪtsɛ]
customs officer	celník (m)	[tsɛlni:k]

customs declaration	prohlášení (s)	[prohla:ʃɛni:]
to fill in the declaration	vyplnit prohlášení	[vɪplnɪt prohla:ʃɛni:]
passport control	pasová kontrola (ž)	[pasova: kontrola]

luggage	zavazadla (s mn)	[zavazadla]
hand luggage	příruční zavazadlo (s)	[prʃi:rutʃni: zavazadlo]
luggage trolley	vozík (m) na zavazadla	[vozi:k na zavazadla]

landing	přistání (s)	[prʃɪsta:ni:]
landing strip	přistávací dráha (ž)	[prʃɪsta:vatsi: dra:ha]
to land (vi)	přistávat	[prʃɪsta:vat]
airstair (passenger stair)	pojízdné schůdky (m mn)	[poji:zdnɛ: sxu:tkɪ]

check-in	registrace (ž)	[rɛgɪstratsɛ]
check-in counter	přepážka (ž) registrace	[prʃɛpa:ʃka rɛgɪstratsɛ]
to check-in (vi)	zaregistrovat se	[zarɛgɪstrovat sɛ]
boarding card	palubní lístek (m)	[palubni: li:stɛk]
departure gate	příchod (m) k nástupu	[prʃi:xot k na:stupu]

transit	tranzit (m)	[tranzɪt]
to wait (vt)	čekat	[tʃɛkat]
departure lounge	čekárna (ž)	[tʃɛka:rna]
to see off	doprovázet	[doprova:zɛt]
to say goodbye	loučit se	[loutʃɪt sɛ]

24. Aeroplane

aeroplane	letadlo (s)	[lɛtadlo]
air ticket	letenka (ž)	[lɛtɛŋka]
airline	letecká společnost (ž)	[lɛtɛtska: spolɛtʃnost]
airport	letiště (s)	[lɛtɪʃtɛ]
supersonic (adj)	nadzvukový	[nadzvukovi:]

captain	velitel (m) posádky	[vɛlɪtɛl posa:tkɪ]
crew	posádka (ž)	[posa:tka]
pilot	pilot (m)	[pɪlot]
stewardess	letuška (ž)	[lɛtuʃka]
navigator	navigátor (m)	[navɪga:tor]

wings	křídla (s mn)	[krʃi:dla]
tail	ocas (m)	[otsas]
cockpit	kabina (ž)	[kabɪna]
engine	motor (m)	[motor]
undercarriage (landing gear)	podvozek (m)	[podvozɛk]
turbine	turbína (ž)	[turbi:na]

propeller	vrtule (ž)	[vrtulɛ]
black box	černá skříňka (ž)	[tʃɛrna: skrʃi:nʲka]
yoke (control column)	řídicí páka (ž)	[rʒi:dɪtsi: pa:ka]
fuel	palivo (s)	[palɪvo]

safety card	předpis (m)	[prʃɛtpɪs]
oxygen mask	kyslíková maska (ž)	[kɪsli:kova: maska]
uniform	uniforma (ž)	[unɪforma]
lifejacket	záchranná vesta (ž)	[za:xranna: vɛsta]
parachute	padák (m)	[pada:k]

takeoff	start (m) letadla	[start lɛtadla]
to take off (vi)	vzlétat	[vzlɛ:tat]
runway	rozjezdová dráha (ž)	[rozjɛzdova: dra:ha]

visibility	viditelnost (ž)	[vɪdɪtɛlnost]
flight (act of flying)	let (m)	[lɛt]
altitude	výška (ž)	[vi:ʃka]
air pocket	vzdušná jáma (ž)	[vzduʃna: jama]

seat	místo (s)	[mi:sto]
headphones	sluchátka (s mn)	[sluxa:tka]
folding tray (tray table)	odklápěcí stolek (m)	[otkla:pɛtsi: stolɛk]
airplane window	okénko (s)	[okɛ:ŋko]
aisle	chodba (ž)	[xodba]

25. Train

train	vlak (m)	[vlak]
commuter train	elektrický vlak (m)	[ɛlɛktrɪtski: vlak]
express train	rychlík (m)	[rɪxli:k]
diesel locomotive	motorová lokomotiva (ž)	[motorova: lokomotɪva]

steam locomotive	parní lokomotiva (ž)	[parni: lokomotɪva]
coach, carriage	vůz (m)	[vu:z]
buffet car	jídelní vůz (m)	[ji:dɛlni: vu:z]

rails	koleje (ž mn)	[kolɛjɛ]
railway	železnice (ž mn)	[ʒelɛznɪtsɛ]
sleeper (track support)	pražec (m)	[praʒets]

platform (railway ~)	nástupiště (s)	[na:stupɪʃte]
platform (~ 1, 2, etc.)	kolej (ž)	[kolɛj]
semaphore	návěstidlo (s)	[na:vestɪdlo]
station	stanice (ž)	[stanɪtsɛ]

train driver	strojvůdce (m)	[strojvu:dtsɛ]
porter (of luggage)	nosič (m)	[nosɪtʃ]
carriage attendant	průvodčí (m)	[pru:vodtʃi:]
passenger	cestující (m)	[tsɛstuji:tsi:]
ticket inspector	revizor (m)	[rɛvɪzor]

| corridor (in train) | chodba (ž) | [xodba] |
| emergency brake | záchranná brzda (ž) | [za:xranna: brzda] |

compartment	oddělení (s)	[oddelɛni:]
berth	lůžko (s)	[lu:ʃko]
upper berth	horní lůžko (s)	[horni: lu:ʃko]
lower berth	dolní lůžko (s)	[dolni: lu:ʃko]
bed linen, bedding	lůžkoviny (ž mn)	[lu:ʃkovɪnɪ]

ticket	jízdenka (ž)	[ji:zdɛŋka]
timetable	jízdní řád (m)	[ji:zdni: rʒa:t]
information display	tabule (ž)	[tabulɛ]

to leave, to depart	odjíždět	[odji:ʒdet]
departure (of train)	odjezd (m)	[odjɛst]
to arrive (ab. train)	přijíždět	[prʃɪji:ʒdet]
arrival	příjezd (m)	[prʃi:jɛst]

to arrive by train	přijet vlakem	[prʃɪɛt vlakɛm]
to get on the train	nastoupit do vlaku	[nastoupɪt do vlaku]
to get off the train	vystoupit z vlaku	[vɪstoupɪt z vlaku]

train crash	železniční neštěstí (s)	[ʒelɛznɪtʃni: nɛʃtesti:]
steam locomotive	parní lokomotiva (ž)	[parni: lokomotɪva]
stoker, fireman	topič (m)	[topɪtʃ]
firebox	topeniště (s)	[topɛnɪʃte]
coal	uhlí (s)	[uhli:]

26. Ship

| ship | loď (ž) | [loťj] |
| vessel | loď (ž) | [loťj] |

| steamship | parník (m) | [parni:k] |
| riverboat | říční loď (ž) | [rɪtʃni loťj] |

33

| cruise ship | linková loď (ž) | [lɪŋkova: lotʲ] |
| cruiser | křižník (m) | [krʒɪʒni:k] |

yacht	jachta (ž)	[jaxta]
tugboat	vlek (m)	[vlɛk]
barge	vlečná nákladní loď (ž)	[vlɛtʃna: na:kladni: lotʲ]
ferry	prám (m)	[pra:m]

| sailing ship | plachetnice (ž) | [plaxɛtnɪtsɛ] |
| brigantine | brigantina (ž) | [brɪganti:na] |

| ice breaker | ledoborec (m) | [lɛdoborɛts] |
| submarine | ponorka (ž) | [ponorka] |

boat (flat-bottomed ~)	loďka (ž)	[lotʲka]
dinghy	člun (m)	[tʃlun]
lifeboat	záchranný člun (m)	[za:xranni: tʃlun]
motorboat	motorový člun (m)	[motorovi: tʃlun]

captain	kapitán (m)	[kapɪta:n]
seaman	námořník (m)	[na:morʒni:k]
sailor	námořník (m)	[na:morʒni:k]
crew	posádka (ž)	[posa:tka]

boatswain	loďmistr (m)	[lodʲmɪstr]
ship's boy	plavčík (m)	[plavtʃi:k]
cook	lodní kuchař (m)	[lodni: kuxarʃ]
ship's doctor	lodní lékař (m)	[lodni: lɛ:karʃ]

deck	paluba (ž)	[paluba]
mast	stěžeň (m)	[steʒenʲ]
sail	plachta (ž)	[plaxta]

hold	podpalubí (s)	[potpalubi:]
bow (prow)	příď (ž)	[prʃi:tʲ]
stern	záď (ž)	[za:tʲ]
oar	veslo (s)	[vɛslo]
screw propeller	lodní šroub (m)	[lodni: ʃroup]

cabin	kajuta (ž)	[kajuta]
wardroom	společenská místnost (ž)	[spolɛtʃɛnska: mi:stnost]
engine room	strojovna (ž)	[strojovna]
bridge	kapitánský můstek (m)	[kapɪta:nski: mu:stɛk]
radio room	rádiová kabina (ž)	[ra:dɪova: kabɪna]
wave (radio)	vlna (ž)	[vlna]
logbook	lodní deník (m)	[lodni: dɛni:k]

spyglass	dalekohled (m)	[dalɛkohlet]
bell	zvon (m)	[zvon]
flag	vlajka (ž)	[vlajka]

| hawser (mooring ~) | lano (s) | [lano] |
| knot (bowline, etc.) | uzel (m) | [uzɛl] |

| deckrails | zábradlí (s) | [za:bradli:] |
| gangway | schůdky (m mn) | [sxu:tkɪ] |

anchor	kotva (ž)	[kotva]
to weigh anchor	zvednout kotvy	[zvɛdnout kotvɪ]
to drop anchor	spustit kotvy	[spustɪt kotvɪ]
anchor chain	kotevní řetěz (m)	[kotɛvni: rʒɛtez]
port (harbour)	přístav (m)	[prʃi:staf]
quay, wharf	přístaviště (s)	[prʃi:stavɪʃte]
to berth (moor)	přistávat	[prʃɪsta:vat]
to cast off	vyplouvat	[vɪplouvat]
trip, voyage	cestování (s)	[tsɛstova:ni:]
cruise (sea trip)	výletní plavba (ž)	[vi:letni: plavba]
course (route)	kurz (m)	[kurs]
route (itinerary)	trasa (ž)	[trasa]
fairway (safe water channel)	plavební dráha (ž)	[plavɛbni: dra:ha]
shallows	mělčina (ž)	[mneltʃɪna]
to run aground	najet na mělčinu	[najɛt na mneltʃɪnu]
storm	bouřka (ž)	[bourʃka]
signal	signál (m)	[sɪgna:l]
to sink (vi)	potápět se	[pota:pet sɛ]
SOS (distress signal)	SOS	[ɛs o: ɛs]
ring buoy	záchranný kruh (m)	[za:xranni: krux]

CITY

27. Urban transport

bus, coach	autobus (m)	[autobus]
tram	tramvaj (ž)	[tramvaj]
trolleybus	trolejbus (m)	[trolɛjbus]
route (of bus, etc.)	trasa (ž)	[trasa]
number (e.g. bus ~)	číslo (s)	[tʃiːslo]
to go by ...	jet	[jɛt]
to get on (~ the bus)	nastoupit do ...	[nastoupɪt do]
to get off ...	vystoupit z ...	[vɪstoupɪt z]
stop (e.g. bus ~)	zastávka (ž)	[zastaːfka]
next stop	příští zastávka (ž)	[prʃiːʃti: zastaːfka]
terminus	konečná stanice (ž)	[konɛtʃna: stanɪtsɛ]
timetable	jízdní řád (m)	[jiːzdni: rʒaːt]
to wait (vt)	čekat	[tʃɛkat]
ticket	jízdenka (ž)	[jiːzdɛŋka]
fare	jízdné (s)	[jiːzdnɛː]
cashier (ticket seller)	pokladník (m)	[pokladniːk]
ticket inspection	kontrola (ž)	[kontrola]
ticket inspector	revizor (m)	[rɛvɪzor]
to be late (for ...)	mít zpoždění	[miːt spoʒdɛniː]
to miss (~ the train, etc.)	opozdit se	[opozdɪt sɛ]
to be in a hurry	pospíchat	[pospiːxat]
taxi, cab	taxík (m)	[taksiːk]
taxi driver	taxikář (m)	[taksɪkaːrʃ]
by taxi	taxíkem	[taksiːkɛm]
taxi rank	stanoviště (s) taxíků	[stanovɪʃte taksiːkuː]
to call a taxi	zavolat taxíka	[zavolat taksiːka]
to take a taxi	vzít taxíka	[vziːt taksiːka]
traffic	uliční provoz (m)	[ulɪtʃni: provoz]
traffic jam	zácpa (ž)	[zaːtspa]
rush hour	špička (ž)	[ʃpɪtʃka]
to park (vi)	parkovat se	[parkovat sɛ]
to park (vt)	parkovat	[parkovat]
car park	parkoviště (s)	[parkovɪʃte]
underground, tube	metro (s)	[mɛtro]
station	stanice (ž)	[stanɪtsɛ]
to take the tube	jet metrem	[jɛt mɛtrɛm]
train	vlak (m)	[vlak]
train station	nádraží (s)	[naːdraʒiː]

28. City. Life in the city

city, town	město (s)	[mnesto]
capital city	hlavní město (s)	[hlavni: mnesto]
village	venkov (m)	[vɛŋkof]

city map	plán (m) města	[pla:n mnesta]
city centre	střed (m) města	[strʃɛd mnesta]
suburb	předměstí (s)	[prʃɛdmnesti:]
suburban (adj)	předměstský	[prʃɛdmnestski:]

outskirts	okraj (m)	[okraj]
environs (suburbs)	okolí (s)	[okoli:]
city block	čtvrť (ž)	[tʃtvrtʲ]
residential block (area)	obytná čtvrť (ž)	[obɪtna: tʃtvrtʲ]

traffic	provoz (m)	[provoz]
traffic lights	semafor (m)	[sɛmafor]
public transport	městská doprava (ž)	[mnestska: doprava]
crossroads	křižovatka (ž)	[krʃɪʒovatka]

zebra crossing	přechod (m)	[prʃɛxot]
pedestrian subway	podchod (m)	[podxot]
to cross (~ the street)	přecházet	[prʃɛxa:zɛt]
pedestrian	chodec (m)	[xodɛts]
pavement	chodník (m)	[xodni:k]

bridge	most (m)	[most]
embankment (river walk)	nábřeží (s)	[na:brʒɛʒi:]
fountain	fontána (ž)	[fonta:na]

allée (garden walkway)	alej (ž)	[alɛj]
park	park (m)	[park]
boulevard	bulvár (m)	[bulva:r]
square	náměstí (s)	[na:mnesti:]
avenue (wide street)	třída (ž)	[trʃi:da]
street	ulice (ž)	[ulɪtsɛ]
side street	boční ulice (ž)	[botʃni: ulɪtsɛ]
dead end	slepá ulice (ž)	[slɛpa: ulɪtsɛ]

house	dům (m)	[du:m]
building	budova (ž)	[budova]
skyscraper	mrakodrap (m)	[mrakodrap]

facade	fasáda (ž)	[fasa:da]
roof	střecha (ž)	[strʃɛxa]
window	okno (s)	[okno]
arch	oblouk (m)	[oblouk]
column	sloup (m)	[sloup]
corner	roh (m)	[rox]

shop window	výloha (ž)	[vi:loha]
signboard (store sign, etc.)	vývěsní tabule (ž)	[vi:vesni: tabulɛ]
poster (e.g., playbill)	plakát (m)	[plaka:t]
advertising poster	reklamní plakát (m)	[rɛklamni: plaka:t]

hoarding	billboard (m)	[bɪlbɔːrt]
rubbish	odpadky (m mn)	[ɔtpatkɪ:]
rubbish bin	popelnice (ž)	[pɔpɛlnɪtsɛ]
to litter (vi)	dělat smetí	[delat smɛti:]
rubbish dump	smetiště (s)	[smɛtɪʃte]

telephone box	telefonní budka (ž)	[tɛlɛfɔnni: butka]
lamppost	pouliční svítilna (ž)	[pɔulɪtʃni: sviːtɪlna]
bench (park ~)	lavička (ž)	[lavɪtʃka]

police officer	policista (m)	[pɔlɪtsɪsta]
police	policie (ž)	[pɔlɪtsɪe]
beggar	žebrák (m)	[ʒebraːk]
homeless (n)	bezdomovec (m)	[bɛzdɔmɔvɛts]

29. Urban institutions

shop	obchod (m)	[ɔbxɔt]
chemist, pharmacy	lékárna (ž)	[lɛːkaːrna]
optician (spectacles shop)	oční optika (ž)	[ɔtʃni: ɔptɪka]
shopping centre	obchodní středisko (s)	[ɔbxɔdni: strʃɛdɪskɔ]
supermarket	supermarket (m)	[supɛrmarket]

bakery	pekařství (s)	[pɛkarʃstvi:]
baker	pekař (m)	[pɛkarʃ]
cake shop	cukrárna (ž)	[tsukraːrna]
grocery shop	smíšené zboží (s)	[smiʃɛnɛ: zbɔʒi:]
butcher shop	řeznictví (s)	[rʒɛznɪtstvi:]

| greengrocer | zelinářství (s) | [zɛlɪnaːrʃstvi:] |
| market | tržnice (ž) | [trʒnɪtsɛ] |

coffee bar	kavárna (ž)	[kavaːrna]
restaurant	restaurace (ž)	[rɛstauratsɛ]
pub, bar	pivnice (ž)	[pɪvnɪtsɛ]
pizzeria	pizzerie (ž)	[pɪtsɛrɪe]

hairdresser	holičství (s) a kadeřnictví	[hɔlɪtʃstvi: a kadɛrʒnɪtstvi:]
post office	pošta (ž)	[pɔʃta]
dry cleaners	čistírna (ž)	[tʃɪstiːrna]
photo studio	fotografický ateliér (m)	[fɔtɔgrafɪtski: atɛlɪeːr]

shoe shop	obchod (m) s obuví	[ɔbxɔt s ɔbuvi:]
bookshop	knihkupectví (s)	[knɪxkupɛtstvi:]
sports shop	sportovní potřeby (ž mn)	[spɔrtɔvni: pɔtrʃɛbɪ]

clothes repair shop	opravna (ž) oděvů	[ɔpravna ɔdevu:]
formal wear hire	půjčovna (ž) oděvů	[puːjtʃɔvna ɔdevu:]
video rental shop	půjčovna (ž) filmů	[puːjtʃɔvna fɪlmu:]

circus	cirkus (m)	[tsɪrkus]
zoo	zoologická zahrada (ž)	[zɔɔlɔgɪtska: zahrada]
cinema	biograf (m)	[bɪɔgraf]
museum	muzeum (s)	[muzɛum]

library	knihovna (ž)	[knɪhovna]
theatre	divadlo (s)	[dɪvadlo]
opera (opera house)	opera (ž)	[opɛra]
nightclub	noční klub (m)	[notʃni: klup]
casino	kasino (s)	[kasi:no]

mosque	mešita (ž)	[mɛʃɪta]
synagogue	synagóga (ž)	[sinago:ga]
cathedral	katedrála (ž)	[katɛdra:la]
temple	chrám (m)	[xra:m]
church	kostel (m)	[kostɛl]

college	vysoká škola (ž)	[vɪsoka: ʃkola]
university	univerzita (ž)	[unɪvɛrzɪta]
school	škola (ž)	[ʃkola]

prefecture	prefektura (ž)	[prɛfɛktura]
town hall	magistrát (m)	[magɪstra:t]
hotel	hotel (m)	[hotɛl]
bank	banka (ž)	[baŋka]

embassy	velvyslanectví (s)	[vɛlvɪslanɛtstvi:]
travel agency	cestovní kancelář (ž)	[tsɛstovni: kantsɛla:rʃ]
information office	informační kancelář (ž)	[ɪnformatʃni: kantsɛla:rʃ]
currency exchange	směnárna (ž)	[smnena:rna]

| underground, tube | metro (s) | [mɛtro] |
| hospital | nemocnice (ž) | [nɛmotsnɪtsɛ] |

| petrol station | benzínová stanice (ž) | [bɛnzi:nova: stanɪtsɛ] |
| car park | parkoviště (s) | [parkovɪʃte] |

30. Signs

signboard (store sign, etc.)	ukazatel (m) směru	[ukazatɛl smneru]
notice (door sign, etc.)	nápis (m)	[na:pɪs]
poster	plakát (m)	[plaka:t]
direction sign	ukazatel (m)	[ukazatɛl]
arrow (sign)	šípka (ž)	[ʃi:pka]

caution	varování (s)	[varova:ni:]
warning sign	výstraha (ž)	[vi:straha]
to warn (vt)	upozorňovat	[upozorɲovat]

rest day (weekly ~)	volný den (m)	[volni: dɛn]
timetable (schedule)	jízdní řád (m)	[ji:zdni: r̝a:t]
opening hours	pracovní doba (ž)	[pratsovni: doba]

WELCOME!	VÍTEJTE!	[vi:tɛjtɛ]
ENTRANCE	VCHOD	[vxot]
WAY OUT	VÝCHOD	[vi:xot]

| PUSH | TAM | [tam] |
| PULL | SEM | [sɛm] |

OPEN	OTEVŘENO	[otɛvrʒɛno]
CLOSED	ZAVŘENO	[zavrʒɛno]
WOMEN	ŽENY	[ʒenɪ]
MEN	MUŽI	[muʒɪ]
DISCOUNTS	SLEVY	[slɛvɪ]
SALE	VÝPRODEJ	[vi:prodɛj]
NEW!	NOVINKA!	[novɪŋka]
FREE	ZDARMA	[zdarma]
ATTENTION!	POZOR!	[pozor]
NO VACANCIES	VOLNÁ MÍSTA NEJSOU	[volna: mi:sta nɛjsou]
RESERVED	ZADÁNO	[zada:no]
ADMINISTRATION	KANCELÁŘ	[kantsɛla:rʒ]
STAFF ONLY	POUZE PRO PERSONÁL	[pouzɛ pro pɛrsona:l]
BEWARE OF THE DOG!	POZOR! ZLÝ PES	[pozor zli: pɛs]
NO SMOKING	ZÁKAZ KOUŘENÍ	[za:kaz kourʒɛni:]
DO NOT TOUCH!	NEDOTÝKEJTE SE!	[nɛdoti:kɛjtɛ sɛ]
DANGEROUS	NEBEZPEČNÉ	[nɛbɛzpɛtʃnɛ:]
DANGER	NEBEZPEČÍ	[nɛbɛzpɛtʃi:]
HIGH VOLTAGE	VYSOKÉ NAPĚTÍ	[vɪsokɛ: napeti:]
NO SWIMMING!	KOUPÁNÍ ZAKÁZÁNO	[koupa:ni: zaka:za:no]
OUT OF ORDER	MIMO PROVOZ	[mɪmo provoz]
FLAMMABLE	VYSOCE HOŘLAVÝ	[vɪsotsɛ horʒlavi:]
FORBIDDEN	ZÁKAZ	[za:kaz]
NO TRESPASSING!	PRŮCHOD ZAKÁZÁN	[pru:xot zaka:za:n]
WET PAINT	ČERSTVĚ NATŘENO	[tʃɛrstve natrʃɛno]

31. Shopping

to buy (purchase)	kupovat	[kupovat]
shopping	nákup (m)	[na:kup]
to go shopping	dělat nákupy	[delat na:kupɪ]
shopping	nakupování (s)	[nakupova:ni:]
to be open (ab. shop)	být otevřen	[bi:t otɛvrʒɛn]
to be closed	být zavřen	[bi:t zavrʒɛn]
footwear, shoes	obuv (ž)	[obuʃ]
clothes, clothing	oblečení (s)	[oblɛtʃɛni:]
cosmetics	kosmetika (ž)	[kosmɛtɪka]
food products	potraviny (ž mn)	[potravɪnɪ]
gift, present	dárek (m)	[da:rɛk]
shop assistant (masc.)	prodavač (m)	[prodavatʃ]
shop assistant (fem.)	prodavačka (ž)	[prodavatʃka]
cash desk	pokladna (ž)	[pokladna]
mirror	zrcadlo (s)	[zrtsadlo]

| counter (shop ~) | pult (m) | [pult] |
| fitting room | zkušební kabinka (ž) | [skuʃɛbni: kabɪŋka] |

to try on	zkusit	[skusɪt]
to fit (ab. dress, etc.)	hodit se	[hodɪt sɛ]
to fancy (vt)	líbit se	[li:bɪt sɛ]

price	cena (ž)	[tsɛna]
price tag	cenovka (ž)	[tsɛnofka]
to cost (vt)	stát	[sta:t]
How much?	Kolik?	[kolɪk]
discount	sleva (ž)	[slɛva]

inexpensive (adj)	levný	[lɛvni:]
cheap (adj)	levný	[lɛvni:]
expensive (adj)	drahý	[drahi:]
It's expensive	To je drahé	[to jɛ drahɛ:]

hire (n)	půjčování (s)	[pu:jtʃova:ni:]
to hire (~ a dinner jacket)	vypůjčit si	[vɪpu:jtʃɪt sɪ]
credit (trade credit)	úvěr (m)	[u:ver]
on credit (adv)	na splátky	[na spla:tkɪ]

CLOTHING & ACCESSORIES

32. Outerwear. Coats

clothes	oblečení (s)	[oblɛtʃɛniː]
outerwear	svrchní oděv (m)	[svrxniː odɛf]
winter clothing	zimní oděv (m)	[zɪmniː odɛf]
coat (overcoat)	kabát (m)	[kabaːt]
fur coat	kožich (m)	[koʒɪx]
fur jacket	krátký kožich (m)	[kraːtki koʒɪx]
down coat	peřová bunda (ž)	[pɛrʒovaː bunda]
jacket (e.g. leather ~)	bunda (ž)	[bunda]
raincoat (trenchcoat, etc.)	plášť (m)	[plaːʃtʲ]
waterproof (adj)	nepromokavý	[nɛpromokaviː]

33. Men's & women's clothing

shirt (button shirt)	košile (ž)	[koʃɪlɛ]
trousers	kalhoty (ž mn)	[kalhotɪ]
jeans	džínsy (m mn)	[dʒiːnsɪ]
suit jacket	sako (s)	[sako]
suit	pánský oblek (m)	[paːnski oblɛk]
dress (frock)	šaty (m mn)	[ʃatɪ]
skirt	sukně (ž)	[suknɛ]
blouse	blůzka (ž)	[bluːska]
knitted jacket (cardigan, etc.)	svetr (m)	[svɛtr]
jacket (of woman's suit)	žaket (m)	[ʒakɛt]
T-shirt	tričko (s)	[trɪtʃko]
shorts (short trousers)	šortky (ž mn)	[ʃortkɪ]
tracksuit	tepláková souprava (ž)	[tɛplaːkovaː souprava]
bathrobe	župan (m)	[ʒupan]
pyjamas	pyžamo (s)	[piʒamo]
jumper (sweater)	svetr (m)	[svɛtr]
pullover	pulovr (m)	[pulovr]
waistcoat	vesta (ž)	[vɛsta]
tailcoat	frak (m)	[frak]
dinner suit	smoking (m)	[smokɪŋk]
uniform	uniforma (ž)	[unɪforma]
workwear	pracovní oděv (m)	[pratsovniː odɛf]
boiler suit	kombinéza (ž)	[kombɪnɛːza]
coat (e.g. doctor's smock)	plášť (m)	[plaːʃtʲ]

34. Clothing. Underwear

underwear	spodní prádlo (s)	[spodni: praːdlo]
vest (singlet)	tílko (s)	[tilko]
socks	ponožky (ž mn)	[ponoʃkɪ]

nightdress	noční košile (ž)	[notʃni: koʃɪlɛ]
bra	podprsenka (ž)	[potprsɛŋka]
knee highs (knee-high socks)	podkolenky (ž mn)	[potkolɛŋkɪ]
tights	punčochové kalhoty (ž mn)	[puntʃoxovɛ: kalgotɪ]
stockings (hold ups)	punčochy (ž mn)	[puntʃoxɪ]
swimsuit, bikini	plavky (ž mn)	[plafkɪ]

35. Headwear

hat	čepice (ž)	[tʃɛpɪtsɛ]
trilby hat	klobouk (m)	[klobouk]
baseball cap	kšiltovka (ž)	[kʃɪltofka]
flatcap	čepice (ž)	[tʃɛpɪtsɛ]

beret	baret (m)	[barɛt]
hood	kapuce (ž)	[kaputsɛ]
panama hat	panamský klobouk (m)	[panamski: klobouk]
knit cap (knitted hat)	pletená čepice (ž)	[plɛtɛna: tʃɛpɪtsɛ]

headscarf	šátek (m)	[ʃaːtɛk]
women's hat	klobouček (m)	[kloboutʃɛk]

hard hat	přilba (ž)	[prʃɪlba]
forage cap	lodička (ž)	[lodɪtʃka]
helmet	helma (ž)	[hɛlma]

bowler	tvrďák (m)	[tvrdʲaːk]
top hat	válec (m)	[vaːlɛts]

36. Footwear

footwear	obuv (ž)	[obuf]
shoes (men's shoes)	boty (ž mn)	[botɪ]
shoes (women's shoes)	střevíce (m mn)	[strʃɛviːtsɛ]
boots (e.g., cowboy ~)	holínky (ž mn)	[holiːŋkɪ]
carpet slippers	bačkory (ž mn)	[batʃkorɪ]

trainers	tenisky (ž mn)	[tɛnɪskɪ]
trainers	kecky (ž mn)	[kɛtskɪ]
sandals	sandály (m mn)	[sandaːlɪ]

cobbler (shoe repairer)	obuvník (m)	[obuvniːk]
heel	podpatek (m)	[potpatɛk]
pair (of shoes)	pár (m)	[paːr]
lace (shoelace)	tkanička (ž)	[tkanɪtʃka]

to lace up (vt)	šněrovat	[ʃnerovat]
shoehorn	lžíce (ž) na boty	[lʒiːtsɛ na botɪ]
shoe polish	krém (m) na boty	[krɛːm na botɪ]

37. Personal accessories

gloves	rukavice (ž mn)	[rukavɪtsɛ]
mittens	palčáky (m mn)	[palt͡ʃaːkɪ]
scarf (muffler)	šála (ž)	[ʃaːla]

glasses	brýle (ž mn)	[briːlɛ]
frame (eyeglass ~)	obroučky (m mn)	[obrout͡ʃkɪ]
umbrella	deštník (m)	[dɛʃtniːk]
walking stick	hůl (ž)	[huːl]
hairbrush	kartáč (m) na vlasy	[kartaːt͡ʃ na vlasɪ]
fan	vějíř (m)	[vejiːrʃ]

tie (necktie)	kravata (ž)	[kravata]
bow tie	motýlek (m)	[motiːlɛk]
braces	šle (ž mn)	[ʃlɛ]
handkerchief	kapesník (m)	[kapesniːk]

comb	hřeben (m)	[hrʒɛbɛn]
hair slide	sponka (ž)	[spoŋka]
hairpin	vlásnička (ž)	[vlaːsnɪt͡ʃka]
buckle	spona (ž)	[spona]

| belt | pás (m) | [paːs] |
| shoulder strap | řemen (m) | [rʒɛmɛn] |

bag (handbag)	taška (ž)	[taʃka]
handbag	kabelka (ž)	[kabɛlka]
rucksack	batoh (m)	[batox]

38. Clothing. Miscellaneous

fashion	móda (ž)	[moːda]
in vogue (adj)	módní	[moːdniː]
fashion designer	modelář (m)	[modɛlaːrʃ]

collar	límec (m)	[liːmɛts]
pocket	kapsa (ž)	[kapsa]
pocket (as adj)	kapesní	[kapɛsniː]
sleeve	rukáv (m)	[rukaːf]
hanging loop	poutko (s)	[poutko]
flies (on trousers)	poklopec (m)	[poklopɛts]

zip (fastener)	zip (m)	[zɪp]
fastener	spona (ž)	[spona]
button	knoflík (m)	[knofliːk]
buttonhole	knoflíková dírka (ž)	[knofliːkova diːrka]
to come off (ab. button)	utrhnout se	[utrhnout sɛ]

T&P Books. Theme-based dictionary British English-Czech - 3000 words

to sew (vi, vt)	šít	[ʃiːt]
to embroider (vi, vt)	vyšívat	[vɪʃiːvat]
embroidery	výšivka (ž)	[viːʃɪfka]
sewing needle	jehla (ž)	[jɛhla]
thread	nit (ž)	[nɪt]
seam	šev (m)	[ʃɛf]

to get dirty (vi)	ušpinit se	[uʃpɪnɪt sɛ]
stain (mark, spot)	skvrna (ž)	[skvrna]
to crease, crumple (vi)	pomačkat se	[pomatʃkat sɛ]
to tear, to rip (vt)	roztrhat	[roztrhat]
clothes moth	mol (m)	[mol]

39. Personal care. Cosmetics

toothpaste	zubní pasta (ž)	[zubniː pasta]
toothbrush	kartáček (m) na zuby	[kartaːtʃɛk na zubɪ]
to clean one's teeth	čistit si zuby	[tʃɪstɪt sɪ zubɪ]

razor	holicí strojek (m)	[holɪtsiː strojɛk]
shaving cream	krém (m) na holení	[krɛːm na holɛniː]
to shave (vi)	holit se	[holɪt sɛ]

| soap | mýdlo (s) | [miːdlo] |
| shampoo | šampon (m) | [ʃampon] |

scissors	nůžky (ž mn)	[nuːʃkɪ]
nail file	pilník (m) na nehty	[pɪlniːk na nɛxtɪ]
nail clippers	kleštičky (ž mn) na nehty	[klɛʃtɪtʃkɪ na nɛxtɪ]
tweezers	pinzeta (ž)	[pɪnzeta]

cosmetics	kosmetika (ž)	[kosmɛtɪka]
face mask	kosmetická maska (ž)	[kosmɛtɪtska: maska]
manicure	manikúra (ž)	[manɪkuːra]
to have a manicure	dělat manikúru	[delat manɪkuːru]
pedicure	pedikúra (ž)	[pɛdɪkuːra]

make-up bag	kosmetická kabelka (ž)	[kosmɛtɪtska: kabɛlka]
face powder	pudr (m)	[pudr]
powder compact	pudřenka (ž)	[pudrʒɛŋka]
blusher	červené líčidlo (s)	[tʃɛrvɛnɛː liːtʃɪdlo]

perfume (bottled)	voňavka (ž)	[vonʲafka]
toilet water (lotion)	toaletní voda (ž)	[toalɛtniː voda]
lotion	pleťová voda (ž)	[plɛtʲovaː voda]
cologne	kolínská voda (ž)	[koliːnska voda]

eyeshadow	oční stíny (m mn)	[otʃniː stiːnɪ]
eyeliner	tužka (ž) na oči	[tuʃka na otʃɪ]
mascara	řasenka (ž)	[rʒasɛŋka]

lipstick	rtěnka (ž)	[rtɛŋka]
nail polish	lak (m) na nehty	[lak na nɛxtɪ]
hair spray	lak (m) na vlasy	[lak na vlasɪ]

45

deodorant	deodorant (m)	[dɛodorant]
cream	krém (m)	[krɛ:m]
face cream	pleťový krém (m)	[plɛtʲovi: krɛ:m]
hand cream	krém (m) na ruce	[krɛ:m na rutsɛ]
anti-wrinkle cream	krém (m) proti vráskám	[krɛ:m protɪ vra:ska:m]
day (as adj)	denní	[dɛnni:]
night (as adj)	noční	[notʃni:]

tampon	tampón (m)	[tampo:n]
toilet paper (toilet roll)	toaletní papír (m)	[toalɛtni: papi:r]
hair dryer	fén (m)	[fɛ:n]

40. Watches. Clocks

watch (wristwatch)	hodinky (ž mn)	[hodɪŋkɪ]
dial	ciferník (m)	[tsɪfɛrni:k]
hand (of clock, watch)	ručička (ž)	[rutʃɪtʃka]
metal bracelet	náramek (m)	[na:ramɛk]
watch strap	pásek (m)	[pa:sɛk]

battery	baterka (ž)	[batɛrka]
to be flat (battery)	vybít se	[vɪbi:t sɛ]
to change a battery	vyměnit baterku	[vɪmnenɪt batɛrku]
to run fast	jít napřed	[ji:t naprʃɛt]
to run slow	opožďovat se	[opoʒdʲovat sɛ]

wall clock	nástěnné hodiny (ž mn)	[na:stennɛ: hodɪnɪ]
hourglass	přesýpací hodiny (ž mn)	[prʃɛsi:patsi: hodɪnɪ]
sundial	sluneční hodiny (ž mn)	[slunɛtʃni: hodɪnɪ]
alarm clock	budík (m)	[budi:k]
watchmaker	hodinář (m)	[hodɪna:rʃ]
to repair (vt)	opravovat	[opravovat]

EVERYDAY EXPERIENCE

41. Money

money	peníze (m mn)	[pɛniːzɛ]
currency exchange	výměna (ž)	[viːmnena]
exchange rate	kurz (m)	[kurs]
cashpoint	bankomat (m)	[baŋkomat]
coin	mince (ž)	[mɪntsɛ]
dollar	dolar (m)	[dolar]
euro	euro (s)	[ɛuro]
lira	lira (ž)	[lɪra]
Deutschmark	marka (ž)	[marka]
franc	frank (m)	[fraŋk]
pound sterling	libra (ž) šterlinků	[lɪbra ʃtɛrlɪŋkuː]
yen	jen (m)	[jɛn]
debt	dluh (m)	[dlux]
debtor	dlužník (m)	[dluʒniːk]
to lend (money)	půjčit	[puːjtʃɪt]
to borrow (vi, vt)	půjčit si	[puːjtʃɪt sɪ]
bank	banka (ž)	[baŋka]
account	účet (m)	[uːtʃɛt]
to deposit into the account	uložit na účet	[uloʒɪt na uːtʃɛt]
to withdraw (vt)	vybrat z účtu	[vɪbrat s uːtʃtu]
credit card	kreditní karta (ž)	[krɛdɪtniː karta]
cash	hotové peníze (m mn)	[hotovɛː pɛniːzɛ]
cheque	šek (m)	[ʃɛk]
to write a cheque	vystavit šek	[vɪstavɪt ʃɛk]
chequebook	šeková knížka (ž)	[ʃɛkovaː kniːʃka]
wallet	náprsní taška (ž)	[naːprsniː taʃka]
purse	peněženka (ž)	[pɛnɛʒɛŋka]
safe	trezor (m)	[trɛzor]
heir	dědic (m)	[dedɪts]
inheritance	dědictví (s)	[dedɪtstviː]
fortune (wealth)	majetek (m)	[majɛtɛk]
lease	nájem (m)	[naːjɛm]
rent (money)	činže (ž)	[tʃɪnʒe]
to rent (sth from sb)	pronajímat si	[pronajiːmat sɪ]
price	cena (ž)	[tsɛna]
cost	cena (ž)	[tsɛna]
sum	částka (ž)	[tʃaːstka]

to spend (vt)	utrácet	[utra:tsɛt]
expenses	náklady (m mn)	[na:kladɪ]
to economize (vi, vt)	šetřit	[ʃɛtrʃɪt]
economical	úsporný	[u:sporni:]

to pay (vi, vt)	platit	[platɪt]
payment	platba (ž)	[platba]
change (give the ~)	peníze (m mn) nazpět	[pɛni:zɛ naspet]

tax	daň (ž)	[danʲ]
fine	pokuta (ž)	[pokuta]
to fine (vt)	pokutovat	[pokutovat]

42. Post. Postal service

post office	pošta (ž)	[poʃta]
post (letters, etc.)	pošta (ž)	[poʃta]
postman	listonoš (m)	[lɪstonoʃ]
opening hours	pracovní doba (ž)	[pratsovni: doba]

letter	dopis (m)	[dopɪs]
registered letter	doporučený dopis (m)	[doporutʃɛni: dopɪs]
postcard	pohlednice (ž)	[pohlɛdnɪtsɛ]
telegram	telegram (m)	[tɛlɛgram]
parcel	balík (m)	[bali:k]
money transfer	peněžní poukázka (ž)	[pɛneʒni: pouka:ska]

to receive (vt)	dostat	[dostat]
to send (vt)	odeslat	[odɛslat]
sending	odeslání (s)	[odɛsla:ni:]
address	adresa (ž)	[adrɛsa]
postcode	poštovní směrovací číslo (s)	[poʃtovni: smnerovatsi: tʃi:slo]

| sender | odesílatel (m) | [odɛsi:latɛl] |
| receiver | příjemce (m) | [prʃi:jɛmtsɛ] |

name (first name)	jméno (s)	[jmɛ:no]
surname (last name)	příjmení (s)	[prʃi:jmɛni:]
postage rate	tarif (m)	[tarɪf]
standard (adj)	obyčejný	[obɪtʃɛjni:]
economical (adj)	zlevněný	[zlɛvneni:]

weight	váha (ž)	[va:ha]
to weigh (~ letters)	vážit	[va:ʒɪt]
envelope	obálka (ž)	[oba:lka]
postage stamp	známka (ž)	[zna:mka]
to stamp an envelope	nalepovat známku	[nalɛpovat zna:mku]

43. Banking

| bank | banka (ž) | [baŋka] |
| branch (of bank, etc.) | pobočka (ž) | [pobotʃka] |

T&P Books. Theme-based dictionary British English-Czech - 3000 words

| consultant | konzultant (m) | [konzultant] |
| manager (director) | správce (m) | [spra:vtsɛ] |

bank account	účet (m)	[u:tʃɛt]
account number	číslo (s) účtu	[tʃi:slo u:tʃtu]
current account	běžný účet (m)	[beʒni: u:tʃɛt]
deposit account	spořitelní účet (m)	[sporʒitɛlni: u:tʃɛt]

to open an account	založit účet	[zaloʒit u:tʃɛt]
to close the account	uzavřít účet	[uzavrʒi:t u:tʃɛt]
to deposit into the account	uložit na účet	[uloʒit na u:tʃɛt]
to withdraw (vt)	vybrat z účtu	[vibrat s u:tʃtu]

deposit	vklad (m)	[fklat]
to make a deposit	uložit vklad	[uloʒit fklat]
wire transfer	převod (m)	[prʃɛvot]
to wire, to transfer	převést	[prʃɛvɛ:st]

| sum | částka (ž) | [tʃa:stka] |
| How much? | Kolik? | [kolɪk] |

| signature | podpis (m) | [potpɪs] |
| to sign (vt) | podepsat | [podɛpsat] |

credit card	kreditní karta (ž)	[krɛdɪtni: karta]
code (PIN code)	kód (m)	[ko:t]
credit card number	číslo (s) kreditní karty	[tʃi:slo krɛdɪtni: kartɪ]
cashpoint	bankomat (m)	[baŋkomat]

cheque	šek (m)	[ʃɛk]
to write a cheque	vystavit šek	[vɪstavɪt ʃɛk]
chequebook	šeková knížka (ž)	[ʃɛkova: kni:ʃka]

loan (bank ~)	úvěr (m)	[u:ver]
to apply for a loan	žádat o úvěr	[ʒa:dat o u:ver]
to get a loan	brát na úvěr	[bra:t na u:ver]
to give a loan	poskytovat úvěr	[poskɪtovat u:ver]
guarantee	kauce (ž)	[kautsɛ]

44. Telephone. Phone conversation

telephone	telefon (m)	[tɛlɛfon]
mobile phone	mobilní telefon (m)	[mobɪlni: tɛlɛfon]
answerphone	záznamník (m)	[za:znamni:k]

| to call (by phone) | volat | [volat] |
| call, ring | hovor (m), volání (s) | [hovor], [vola:ni:] |

to dial a number	vytočit číslo	[vɪtotʃɪt tʃi:slo]
Hello!	Prosím!	[prosi:m]
to ask (vt)	zeptat se	[zɛptat sɛ]
to answer (vi, vt)	odpovědět	[otpovedet]
to hear (vt)	slyšet	[slɪʃɛt]
well (adv)	dobře	[dobrʒɛ]

49

| not well (adv) | špatně | [ʃpatne] |
| noises (interference) | poruchy (ž mn) | [poruxɪ] |

receiver	sluchátko (s)	[sluxaːtko]
to pick up (~ the phone)	vzít sluchátko	[vziːt sluxaːtko]
to hang up (~ the phone)	zavěsit sluchátko	[zavɛsɪt sluxaːtko]

busy (engaged)	obsazeno	[opsazɛno]
to ring (ab. phone)	zvonit	[zvonɪt]
telephone book	telefonní seznam (m)	[tɛlɛfonniː sɛznam]

local (adj)	místní	[miːstniː]
trunk (e.g. ~ call)	dálkový	[daːlkoviː]
international (adj)	mezinárodní	[mɛzɪnaːrodniː]

45. Mobile telephone

mobile phone	mobilní telefon (m)	[mobɪlniː tɛlɛfon]
display	displej (m)	[dɪsplɛj]
button	tlačítko (s)	[tlatʃiːtko]
SIM card	SIM karta (ž)	[sɪm karta]

battery	baterie (ž)	[batɛrɪe]
to be flat (battery)	vybít se	[vɪbiːt sɛ]
charger	nabíječka (ž)	[nabiːjɛtʃka]

menu	nabídka (ž)	[nabiːtka]
settings	nastavení (s)	[nastavɛniː]
tune (melody)	melodie (ž)	[mɛlodɪe]
to select (vt)	vybrat	[vɪbrat]

calculator	kalkulačka (ž)	[kalkulatʃka]
voice mail	hlasová schránka (ž)	[hlasovaː sxraːŋka]
alarm clock	budík (m)	[budiːk]
contacts	telefonní seznam (m)	[tɛlɛfonniː sɛznam]

| SMS (text message) | SMS zpráva (ž) | [ɛsɛmɛs spraːva] |
| subscriber | účastník (m) | [uːtʃastniːk] |

46. Stationery

| ballpoint pen | pero (s) | [pɛro] |
| fountain pen | plnicí pero (s) | [plnɪtsiː pɛro] |

pencil	tužka (ž)	[tuʃka]
highlighter	značkovač (m)	[znatʃkovatʃ]
felt-tip pen	fix (m)	[fɪks]

notepad	notes (m)	[notɛs]
diary	diář (m)	[dɪaːrʃ]
ruler	pravítko (s)	[praviːtko]
calculator	kalkulačka (ž)	[kalkulatʃka]

rubber	guma (ž)	[guma]
drawing pin	napínáček (m)	[napi:na:tʃɛk]
paper clip	svorka (ž)	[svorka]
glue	lepidlo (s)	[lɛpɪdlo]
stapler	sešívačka (ž)	[sɛʃi:vatʃka]
hole punch	dírkovačka (ž)	[di:rkovatʃka]
pencil sharpener	ořezávátko (s)	[orʒɛza:va:tko]

47. Foreign languages

language	jazyk (m)	[jazɪk]
foreign language	cizí jazyk (m)	[tsɪzi: jazɪk]
to study (vt)	studovat	[studovat]
to learn (language, etc.)	učit se	[utʃɪt sɛ]
to read (vi, vt)	číst	[tʃi:st]
to speak (vi, vt)	mluvit	[mluvɪt]
to understand (vt)	rozumět	[rozumnet]
to write (vt)	psát	[psa:t]
fast (adv)	rychle	[rɪxlɛ]
slowly (adv)	pomalu	[pomalu]
fluently (adv)	plynně	[plɪnne]
rules	pravidla (s mn)	[pravɪdla]
grammar	mluvnice (ž)	[mluvnɪtsɛ]
vocabulary	slovní zásoba (ž)	[slovni: za:soba]
phonetics	hláskosloví (s)	[hla:skoslovi:]
textbook	učebnice (ž)	[utʃɛbnɪtsɛ]
dictionary	slovník (m)	[slovni:k]
teach-yourself book	učebnice (ž) pro samouky	[utʃɛbnɪtsɛ pro samoukɪ]
phrasebook	konverzace (ž)	[konvɛrzatsɛ]
cassette, tape	kazeta (ž)	[kazɛta]
videotape	videokazeta (ž)	[vɪdɛokazɛta]
CD, compact disc	CD disk (m)	[tsɛ:dɛ: dɪsk]
DVD	DVD (s)	[dɛvɛdɛ]
alphabet	abeceda (ž)	[abɛtsɛda]
to spell (vt)	hláskovat	[hla:skovat]
pronunciation	výslovnost (ž)	[vi:slovnost]
accent	cizí přízvuk (m)	[tsɪzi: prʃi:zvuk]
with an accent	s cizím přízvukem	[s tsɪzi:m prʃi:zvukɛm]
without an accent	bez cizího přízvuku	[bɛz tsɪzi:ho prʃi:zvuku]
word	slovo (s)	[slovo]
meaning	smysl (m)	[smɪsl]
course (e.g. a French ~)	kurzy (m mn)	[kurzɪ]
to sign up	zapsat se	[zapsat sɛ]
teacher	vyučující (m)	[vɪutʃuji:tsi:]

translation (process)	překlad (m)	[prʃɛklat]
translation (text, etc.)	překlad (m)	[prʃɛklat]
translator	překladatel (m)	[prʃɛkladatɛl]
interpreter	tlumočník (m)	[tlumotʃniːk]
polyglot	polyglot (m)	[polɪglot]
memory	paměť (ž)	[pamnetʲ]

MEALS. RESTAURANT

48. Table setting

spoon	lžice (ž)	[ɫʒiːtsɛ]
knife	nůž (m)	[nuːʃ]
fork	vidlička (ž)	[vɪdlɪtʃka]
cup (e.g., coffee ~)	šálek (m)	[ʃaːlɛk]
plate (dinner ~)	talíř (m)	[taliːrʃ]
saucer	talířek (m)	[taliːrʒɛk]
serviette	ubrousek (m)	[ubrousɛk]
toothpick	párátko (s)	[paːraːtko]

49. Restaurant

restaurant	restaurace (ž)	[rɛstauratsɛ]
coffee bar	kavárna (ž)	[kavaːrna]
pub, bar	bar (m)	[bar]
tearoom	čajovna (ž)	[tʃajovna]
waiter	číšník (m)	[tʃiːʃniːk]
waitress	číšnice (ž)	[tʃiːʃnɪtsɛ]
barman	barman (m)	[barman]
menu	jídelní lístek (m)	[jiːdɛlniː liːstɛk]
wine list	nápojový lístek (m)	[naːpojoviː liːstɛk]
to book a table	rezervovat stůl	[rɛzɛrvovat stuːl]
course, dish	jídlo (s)	[jiːdlo]
to order (meal)	objednat si	[objɛdnat sɪ]
to make an order	objednat si	[objɛdnat sɪ]
aperitif	aperitiv (m)	[apɛrɪtɪf]
starter	předkrm (m)	[prʃɛtkrm]
dessert, pudding	desert (m)	[dɛsɛrt]
bill	účet (m)	[uːtʃɛt]
to pay the bill	zaplatit účet	[zaplatɪt uːtʃɛt]
to give change	dát nazpátek	[daːt naspaːtɛk]
tip	spropitné (s)	[spropɪtnɛː]

50. Meals

food	jídlo (s)	[jiːdlo]
to eat (vi, vt)	jíst	[jiːst]

breakfast	snídaně (ž)	[sni:dane]
to have breakfast	snídat	[sni:dat]
lunch	oběd (m)	[obet]
to have lunch	obědvat	[obedvat]
dinner	večeře (ž)	[vεtʃεrʒε]
to have dinner	večeřet	[vεtʃεrʒεt]
appetite	chuť (ž) k jídlu	[xutʲ k ji:dlu]
Enjoy your meal!	Dobrou chuť!	[dobrou xutʲ]
to open (~ a bottle)	otvírat	[otvi:rat]
to spill (liquid)	rozlít	[rozli:t]
to spill out (vi)	rozlít se	[rozli:t sε]
to boil (vi)	vřít	[vrʒi:t]
to boil (vt)	vařit	[varʒɪt]
boiled (~ water)	svařený	[svarʒεni:]
to chill, cool down (vt)	ochladit	[oxladɪt]
to chill (vi)	ochlazovat se	[oxlazovat sε]
taste, flavour	chuť (ž)	[xutʲ]
aftertaste	příchuť (ž)	[prʃi:xutʲ]
to slim down (lose weight)	držet dietu	[drʒet dɪetu]
diet	dieta (ž)	[dɪeta]
vitamin	vitamín (m)	[vɪtami:n]
calorie	kalorie (ž)	[kalorɪe]
vegetarian (n)	vegetarián (m)	[vεgεtarɪa:n]
vegetarian (adj)	vegetariánský	[vεgεtarɪa:nski:]
fats (nutrient)	tuky (m)	[tukɪ]
proteins	bílkoviny (ž)	[bi:lkovɪnɪ]
carbohydrates	karbohydráty (mn)	[karbohɪdrati:]
slice (of lemon, ham)	plátek (m)	[pla:tεk]
piece (of cake, pie)	kousek (m)	[kousεk]
crumb (of bread, cake, etc.)	drobek (m)	[drobεk]

51. Cooked dishes

course, dish	jídlo (s)	[ji:dlo]
cuisine	kuchyně (ž)	[kuxɪne]
recipe	recept (m)	[rεtsεpt]
portion	porce (ž)	[portsε]
salad	salát (m)	[sala:t]
soup	polévka (ž)	[polε:fka]
clear soup (broth)	vývar (m)	[vi:var]
sandwich (bread)	obložený chlebíček (m)	[oblozeni: xlεbi:tʃεk]
fried eggs	míchaná vejce (s mn)	[mi:xana: vεjtsε]
hamburger (beefburger)	hamburger (m)	[hamburgεr]
beefsteak	biftek (m)	[bɪftεk]
side dish	příloha (ž)	[prʃi:loha]

spaghetti	spagety (m mn)	[spagɛtɪ]
mash	bramborová kaše (ž)	[bramborova: kaʃɛ]
pizza	pizza (ž)	[pɪtsa]
porridge (oatmeal, etc.)	kaše (ž)	[kaʃɛ]
omelette	omeleta (ž)	[omɛlɛta]

boiled (e.g. ~ beef)	vařený	[varʒɛni:]
smoked (adj)	uzený	[uzɛni:]
fried (adj)	smažený	[smaʒeni:]
dried (adj)	sušený	[suʃɛni:]
frozen (adj)	zmražený	[zmraʒeni:]
pickled (adj)	marinovaný	[marɪnovani:]

sweet (sugary)	sladký	[slatki:]
salty (adj)	slaný	[slani:]
cold (adj)	studený	[studɛni:]
hot (adj)	teplý	[tɛpli:]
bitter (adj)	hořký	[horʃki:]
tasty (adj)	chutný	[xutni:]

to cook in boiling water	vařit	[varʒɪt]
to cook (dinner)	vařit	[varʒɪt]
to fry (vt)	smažit	[smaʒɪt]
to heat up (food)	ohřívat	[ohrʒi:vat]

to salt (vt)	solit	[solɪt]
to pepper (vt)	pepřit	[pɛprʃɪt]
to grate (vt)	strouhat	[strouhat]
peel (n)	slupka (ž)	[slupka]
to peel (vt)	loupat	[loupat]

52. Food

meat	maso (s)	[maso]
chicken	slepice (ž)	[slɛpɪtsɛ]
poussin	kuře (s)	[kurʒɛ]
duck	kachna (ž)	[kaxna]
goose	husa (ž)	[husa]
game	zvěřina (ž)	[zverʒɪna]
turkey	krůta (ž)	[kru:ta]

pork	vepřové (s)	[vɛprʃovɛ:]
veal	telecí (s)	[tɛlɛtsi:]
lamb	skopové (s)	[skopovɛ:]
beef	hovězí (s)	[hovezi:]
rabbit	králík (m)	[kra:li:k]

sausage (bologna, etc.)	salám (m)	[sala:m]
vienna sausage (frankfurter)	párek (m)	[pa:rɛk]
bacon	slanina (ž)	[slanɪna]
ham	šunka (ž)	[ʃuŋka]
gammon	kýta (ž)	[ki:ta]
pâté	paštika (ž)	[paʃtɪka]
liver	játra (s mn)	[ja:tra]

| mince (minced meat) | mleté maso (s) | [mlɛtɛ: maso] |
| tongue | jazyk (m) | [jazɪk] |

egg	vejce (s)	[vɛjtsɛ]
eggs	vejce (s mn)	[vɛjtsɛ]
egg white	bílek (m)	[bi:lɛk]
egg yolk	žloutek (m)	[ʒloutɛk]

fish	ryby (ž mn)	[rɪbɪ]
seafood	mořské plody (m mn)	[morʃskɛ: plodɪ]
caviar	kaviár (m)	[kavɪa:r]

crab	krab (m)	[krap]
prawn	kreveta (ž)	[krɛvɛta]
oyster	ústřice (ž)	[u:strʃɪtsɛ]
spiny lobster	langusta (ž)	[langusta]
octopus	chobotnice (ž)	[xobotnɪtsɛ]
squid	sépie (ž)	[sɛ:pɪe]

sturgeon	jeseter (m)	[jɛsɛtɛr]
salmon	losos (m)	[losos]
halibut	platýs (m)	[plati:s]

cod	treska (ž)	[trɛska]
mackerel	makrela (ž)	[makrɛla]
tuna	tuňák (m)	[tunʲa:k]
eel	úhoř (m)	[u:horʃ]

trout	pstruh (m)	[pstrux]
sardine	sardinka (ž)	[sardɪŋka]
pike	štika (ž)	[ʃtɪka]
herring	sleď (ž)	[slɛtʲ]

bread	chléb (m)	[xlɛ:p]
cheese	sýr (m)	[si:r]
sugar	cukr (m)	[tsukr]
salt	sůl (ž)	[su:l]

rice	rýže (ž)	[ri:ʒe]
pasta (macaroni)	makaróny (m mn)	[makaro:nɪ]
noodles	nudle (ž mn)	[nudlɛ]

butter	máslo (s)	[ma:slo]
vegetable oil	olej (m)	[olɛj]
sunflower oil	slunečnicový olej (m)	[slunɛtʃnɪtsovi: olɛj]
margarine	margarín (m)	[margari:n]

| olives | olivy (ž) | [olɪvɪ] |
| olive oil | olivový olej (m) | [olɪvovi: olɛj] |

milk	mléko (s)	[mlɛ:ko]
condensed milk	kondenzované mléko (s)	[kondɛnzovanɛ: mlɛ:ko]
yogurt	jogurt (m)	[jogurt]
soured cream	kyselá smetana (ž)	[kɪsɛla: smɛtana]
cream (of milk)	sladká smetana (ž)	[slatka: smɛtana]
mayonnaise	majonéza (ž)	[majonɛ:za]

buttercream	krém (m)	[krɛːm]
groats (barley ~, etc.)	kroupy (ž mn)	[kroupɪ]
flour	mouka (ž)	[mouka]
tinned food	konzerva (ž)	[konzɛrva]
cornflakes	kukuřičné vločky (ž mn)	[kukurʒɪtʃnɛː vlotʃkɪ]
honey	med (m)	[mɛt]
jam	džem (m)	[dʒem]
chewing gum	žvýkačka (ž)	[ʒviːkatʃka]

53. Drinks

water	voda (ž)	[voda]
drinking water	pitná voda (ž)	[pɪtnaː voda]
mineral water	minerální voda (ž)	[mɪnɛraːlni: voda]
still (adj)	neperlivý	[nɛpɛrlɪviː]
carbonated (adj)	perlivý	[pɛrlɪviː]
sparkling (adj)	perlivý	[pɛrlɪviː]
ice	led (m)	[lɛt]
with ice	s ledem	[s lɛdɛm]
non-alcoholic (adj)	nealkoholický	[nɛalkoholɪtski:]
soft drink	nealkoholický nápoj (m)	[nɛalkoholɪtski: naːpoj]
refreshing drink	osvěžující nápoj (m)	[osvɛʒujiːtsi naːpoj]
lemonade	limonáda (ž)	[lɪmonaːda]
spirits	alkoholické nápoje (m mn)	[alkoholɪtskɛː naːpojɛ]
wine	víno (s)	[viːno]
white wine	bílé víno (s)	[biːlɛː viːno]
red wine	červené víno (s)	[tʃɛrvɛnɛː viːno]
liqueur	likér (m)	[lɪkɛːr]
champagne	šampaňské (s)	[ʃampanʲskɛː]
vermouth	vermut (m)	[vɛrmut]
whisky	whisky (ž)	[vɪskɪ]
vodka	vodka (ž)	[votka]
gin	džin (m)	[dʒɪn]
cognac	koňak (m)	[konʲak]
rum	rum (m)	[rum]
coffee	káva (ž)	[kaːva]
black coffee	černá káva (ž)	[tʃɛrna kaːva]
white coffee	bílá káva (ž)	[biːla kaːva]
cappuccino	kapučíno (s)	[kaputʃiːno]
instant coffee	rozpustná káva (ž)	[rozpustna kaːva]
milk	mléko (s)	[mlɛːko]
cocktail	koktail (m)	[koktajl]
milkshake	mléčný koktail (m)	[mlɛtʃni: koktajl]
juice	šťáva (ž), džus (m)	[ʃtʲaːva], [dʒus]
tomato juice	rajčatová šťáva (ž)	[rajtʃatovaː ʃtʲaːva]

| orange juice | pomerančový džus (m) | [pomɛrantʃovi: dʒus] |
| freshly squeezed juice | vymačkaná šťáva (ž) | [vɪmatʃkana: ʃtʲa:va] |

beer	pivo (s)	[pɪvo]
lager	světlé pivo (s)	[svetlɛ: pɪvo]
bitter	tmavé pivo (s)	[tmavɛ: pɪvo]

tea	čaj (m)	[tʃaj]
black tea	černý čaj (m)	[tʃɛrni: tʃaj]
green tea	zelený čaj (m)	[zɛlɛni: tʃaj]

54. Vegetables

| vegetables | zelenina (ž) | [zɛlɛnɪna] |
| greens | zelenina (ž) | [zɛlɛnɪna] |

tomato	rajské jablíčko (s)	[rajskɛ: jabli:tʃko]
cucumber	okurka (ž)	[okurka]
carrot	mrkev (ž)	[mrkɛf]
potato	brambory (ž mn)	[bramborɪ]
onion	cibule (ž)	[tsɪbulɛ]
garlic	česnek (m)	[tʃɛsnɛk]

cabbage	zelí (s)	[zɛli:]
cauliflower	květák (m)	[kveta:k]
Brussels sprouts	růžičková kapusta (ž)	[ru:ʒɪtʃkova: kapusta]
broccoli	brokolice (ž)	[brokolɪtsɛ]
beetroot	červená řepa (ž)	[tʃɛrvena: rʒɛpa]
aubergine	lilek (m)	[lɪlɛk]
courgette	cukina, cuketa (ž)	[tsukɪna], [tsuketa]
pumpkin	tykev (ž)	[tɪkɛf]
turnip	vodní řepa (ž)	[vodni: rʒɛpa]

parsley	petržel (ž)	[pɛtrʒel]
dill	kopr (m)	[kopr]
lettuce	salát (m)	[sala:t]
celery	celer (m)	[tsɛlɛr]
asparagus	chřest (m)	[xrʃɛst]
spinach	špenát (m)	[ʃpɛna:t]
pea	hrách (m)	[hra:x]
beans	boby (m mn)	[bobɪ]
maize	kukuřice (ž)	[kukurʒɪtsɛ]
kidney bean	fazole (ž)	[fazolɛ]

sweet paper	pepř (m)	[pɛprʃ]
radish	ředkvička (ž)	[rʒɛtkvɪtʃka]
artichoke	artyčok (m)	[artɪtʃok]

55. Fruits. Nuts

| fruit | ovoce (s) | [ovotsɛ] |
| apple | jablko (s) | [jablko] |

pear	hruška (ž)	[hruʃka]
lemon	citrón (m)	[tsɪtroːn]
orange	pomeranč (m)	[pomɛrantʃ]
strawberry (garden ~)	zahradní jahody (ž mn)	[zahradniː jahodɪ]

tangerine	mandarinka (ž)	[mandarɪŋka]
plum	švestka (ž)	[ʃvɛstka]
peach	broskev (ž)	[broskɛf]
apricot	meruňka (ž)	[mɛruɲka]
raspberry	maliny (ž mn)	[malɪnɪ]
pineapple	ananas (m)	[ananas]

banana	banán (m)	[banaːn]
watermelon	vodní meloun (m)	[vodniː mɛloun]
grape	hroznové víno (s)	[hroznovɛː viːno]
sour cherry	višně (ž)	[vɪʃne]
sweet cherry	třešně (ž)	[trʃɛʃne]
melon	cukrový meloun (m)	[tsukroviː mɛloun]

grapefruit	grapefruit (m)	[grɛjpfruːt]
avocado	avokádo (s)	[avokaːdo]
papaya	papája (ž)	[papaːja]
mango	mango (s)	[mango]
pomegranate	granátové jablko (s)	[granaːtovɛː jablko]

redcurrant	červený rybíz (m)	[tʃɛrvɛniː rɪbiːz]
blackcurrant	černý rybíz (m)	[tʃɛrniː rɪbiːz]
gooseberry	angrešt (m)	[angrɛʃt]
bilberry	borůvky (ž mn)	[boruːfkɪ]
blackberry	ostružiny (ž mn)	[ostruʒɪnɪ]

raisin	hrozinky (ž mn)	[hrozɪŋkɪ]
fig	fík (m)	[fiːk]
date	datle (ž)	[datlɛ]

peanut	burský oříšek (m)	[burskiː orʒiːʃɛk]
almond	mandle (ž)	[mandlɛ]
walnut	vlašský ořech (m)	[vlaʃskiː orʒɛx]
hazelnut	lískový ořech (m)	[liːskoviː orʒɛx]
coconut	kokos (m)	[kokos]
pistachios	pistácie (ž)	[pɪstaːtsɪe]

56. Bread. Sweets

bakers' confectionery (pastry)	cukroví (s)	[tsukroviː]
bread	chléb (m)	[xlɛːp]
biscuits	sušenky (ž mn)	[suʃɛŋkɪ]

chocolate (n)	čokoláda (ž)	[tʃokolaːda]
chocolate (as adj)	čokoládový	[tʃokolaːdoviː]
candy (wrapped)	bonbón (m)	[bonboːn]
cake (e.g. cupcake)	zákusek (m)	[zaːkusɛk]
cake (e.g. birthday ~)	dort (m)	[dort]
pie (e.g. apple ~)	koláč (m)	[kolaːtʃ]

filling (for cake, pie)	nádivka (ž)	[naːdɪfka]
jam (whole fruit jam)	zavařenina (ž)	[zavarʒɛnɪna]
marmalade	marmeláda (ž)	[marmɛlaːda]
wafers	oplatky (mn)	[oplatkɪ]
ice-cream	zmrzlina (ž)	[zmrzlɪna]

57. Spices

salt	sůl (ž)	[suːl]
salty (adj)	slaný	[slaniː]
to salt (vt)	solit	[solɪt]

black pepper	černý pepř (m)	[tʃɛrniː pɛprʃ]
red pepper (milled ~)	červená paprika (ž)	[tʃɛrvɛnaː paprɪka]
mustard	hořčice (ž)	[horʃtʃɪtsɛ]
horseradish	křen (m)	[krʃɛn]

condiment	ochucovadlo (s)	[oxutsovadlo]
spice	koření (s)	[korʒɛniː]
sauce	omáčka (ž)	[omaːtʃka]
vinegar	ocet (m)	[otsɛt]

anise	anýz (m)	[aniːz]
basil	bazalka (ž)	[bazalka]
cloves	hřebíček (m)	[hrʒɛbiːtʃɛk]
ginger	zázvor (m)	[zaːzvor]
coriander	koriandr (m)	[korɪandr]
cinnamon	skořice (ž)	[skorʒɪtsɛ]

sesame	sezam (m)	[sɛzam]
bay leaf	bobkový list (m)	[bopkoviː lɪst]
paprika	paprika (ž)	[paprɪka]
caraway	kmín (m)	[kmiːn]
saffron	šafrán (m)	[ʃafraːn]

PERSONAL INFORMATION. FAMILY

58. Personal information. Forms

name (first name)	jméno (s)	[jmɛːno]
surname (last name)	příjmení (s)	[prʃiːjmɛniː]
date of birth	datum (s) narození	[datum narozɛniː]
place of birth	místo (s) narození	[miːsto narozɛniː]
nationality	národnost (ž)	[naːrodnost]
place of residence	bydliště (s)	[bɪdlɪʃte]
country	země (ž)	[zɛmnɛ]
profession (occupation)	povolání (s)	[povolaːniː]
gender, sex	pohlaví (s)	[pohlaviː]
height	postava (ž)	[postava]
weight	váha (ž)	[vaːha]

59. Family members. Relatives

mother	matka (ž)	[matka]
father	otec (m)	[otɛts]
son	syn (m)	[sɪn]
daughter	dcera (ž)	[dtsɛra]
younger daughter	nejmladší dcera (ž)	[nɛjmladʃiː dtsɛra]
younger son	nejmladší syn (m)	[nɛjmladʃiː sɪn]
eldest daughter	nejstarší dcera (ž)	[nɛjstarʃiː dtsɛra]
eldest son	nejstarší syn (m)	[nɛjstarʃiː sɪn]
brother	bratr (m)	[bratr]
sister	sestra (ž)	[sɛstra]
cousin (masc.)	bratranec (m)	[bratranɛts]
cousin (fem.)	sestřenice (ž)	[sɛstrʃɛnɪtsɛ]
mummy	maminka (ž)	[mamɪŋka]
dad, daddy	táta (m)	[taːta]
parents	rodiče (m mn)	[rodɪtʃɛ]
child	dítě (s)	[diːte]
children	děti (ž mn)	[detɪ]
grandmother	babička (ž)	[babɪtʃka]
grandfather	dědeček (m)	[dedɛtʃɛk]
grandson	vnuk (m)	[vnuk]
granddaughter	vnučka (ž)	[vnutʃka]
grandchildren	vnuci (m mn)	[vnutsɪ]
uncle	strýc (m)	[striːts]
aunt	teta (ž)	[tɛta]

English	Czech	Pronunciation
nephew	synovec (m)	[sɪnovɛts]
niece	neteř (ž)	[nɛtɛrʃ]
mother-in-law (wife's mother)	tchyně (ž)	[txɪne]
father-in-law (husband's father)	tchán (m)	[txaːn]
son-in-law (daughter's husband)	zeť (m)	[zɛtʲ]
stepmother	nevlastní matka (ž)	[nɛvlastniː matka]
stepfather	nevlastní otec (m)	[nɛvlastniː otɛts]
infant	kojenec (m)	[kojɛnɛts]
baby (infant)	nemluvně (s)	[nɛmluvne]
little boy, kid	děcko (s)	[detsko]
wife	žena (ž)	[ʒena]
husband	muž (m)	[muʃ]
spouse (husband)	manžel (m)	[manʒel]
spouse (wife)	manželka (ž)	[manʒelka]
married (masc.)	ženatý	[ʒenatiː]
married (fem.)	vdaná	[vdanaː]
single (unmarried)	svobodný	[svobodniː]
bachelor	mládenec (m)	[mlaːdɛnɛts]
divorced (masc.)	rozvedený	[rozvɛdɛniː]
widow	vdova (ž)	[vdova]
widower	vdovec (m)	[vdovɛts]
relative	příbuzný (m)	[prʃiːbuzniː]
close relative	blízký příbuzný (m)	[bliːski prʃiːbuzniː]
distant relative	vzdálený příbuzný (m)	[vzdaːlɛniː prʃiːbuzniː]
relatives	příbuzenstvo (s)	[prʃiːbuzɛnstvo]
orphan (boy or girl)	sirotek (m, ž)	[sɪrotɛk]
guardian (of a minor)	poručník (m)	[porutʃniːk]
to adopt (a boy)	adoptovat	[adoptovat]
to adopt (a girl)	adoptovat dívku	[adoptovat difku]

60. Friends. Colleagues

English	Czech	Pronunciation
friend (masc.)	přítel (m)	[prʃiːtɛl]
friend (fem.)	přítelkyně (ž)	[prʃiːtɛlkɪne]
friendship	přátelství (s)	[prʃaːtɛlstviː]
to be friends	kamarádit	[kamaraːdɪt]
pal (masc.)	kamarád (m)	[kamaraːt]
pal (fem.)	kamarádka (ž)	[kamaraːtka]
partner	partner (m)	[partnɛr]
chief (boss)	šéf (m)	[ʃɛːf]
superior (n)	vedoucí (m)	[vɛdoutsiː]
subordinate (n)	podřízený (m)	[podrʒiːzɛniː]
colleague	kolega (m)	[kolɛga]

acquaintance (person)	známý (m)	[zna:mi:]
fellow traveller	spolucestující (m)	[spolutsɛstuji:tsi:]
classmate	spolužák (m)	[spoluʒa:k]

neighbour (masc.)	soused (m)	[sousɛt]
neighbour (fem.)	sousedka (ž)	[sousɛtka]
neighbours	sousedé (m mn)	[sousɛdɛ:]

HUMAN BODY. MEDICINE

61. Head

head	hlava (ž)	[hlava]
face	obličej (ž)	[oblɪtʃɛj]
nose	nos (m)	[nos]
mouth	ústa (s mn)	[uːsta]
eye	oko (s)	[oko]
eyes	oči (s mn)	[otʃɪ]
pupil	zornice (ž)	[zornɪtsɛ]
eyebrow	obočí (s)	[obotʃiː]
eyelash	řasa (ž)	[rʒasa]
eyelid	víčko (s)	[viːtʃko]
tongue	jazyk (m)	[jazɪk]
tooth	zub (m)	[zup]
lips	rty (m mn)	[rtɪ]
cheekbones	lícní kosti (ž mn)	[liːtsniː kostɪ]
gum	dáseň (ž)	[daːsɛnʲ]
palate	patro (s)	[patro]
nostrils	chřípí (s)	[xrʃiːpiː]
chin	brada (ž)	[brada]
jaw	čelist (ž)	[tʃɛlɪst]
cheek	tvář (ž)	[tvaːrʃ]
forehead	čelo (s)	[tʃɛlo]
temple	spánek (s)	[spaːnɛk]
ear	ucho (s)	[uxo]
back of the head	týl (m)	[tiːl]
neck	krk (m)	[krk]
throat	hrdlo (s)	[hrdlo]
hair	vlasy (m mn)	[vlasɪ]
hairstyle	účes (m)	[uːtʃɛs]
haircut	střih (m)	[strʃɪx]
wig	paruka (ž)	[paruka]
moustache	vousy (m mn)	[vousɪ]
beard	plnovous (m)	[plnovous]
to have (a beard, etc.)	nosit	[nosɪt]
plait	cop (m)	[tsop]
sideboards	licousy (m mn)	[lɪtsousɪ]
red-haired (adj)	zrzavý	[zrzaviː]
grey (hair)	šedivý	[ʃɛdɪviː]
bald (adj)	lysý	[lɪsiː]
bald patch	lysina (ž)	[lɪsɪna]

| ponytail | ocas (m) | [otsas] |
| fringe | ofina (ž) | [ofɪna] |

62. Human body

| hand | ruka (ž) | [ruka] |
| arm | ruka (ž) | [ruka] |

finger	prst (m)	[prst]
thumb	palec (m)	[palɛts]
little finger	malíček (m)	[maliːtʃɛk]
nail	nehet (m)	[nɛhɛt]

fist	pěst (ž)	[pest]
palm	dlaň (ž)	[dlanʲ]
wrist	zápěstí (s)	[zaːpɛstiː]
forearm	předloktí (s)	[prʃɛdloktiː]
elbow	loket (m)	[lokɛt]
shoulder	rameno (s)	[ramɛno]

leg	noha (ž)	[noha]
foot	chodidlo (s)	[xodɪdlo]
knee	koleno (s)	[kolɛno]
calf (part of leg)	lýtko (s)	[liːtko]
hip	stehno (s)	[stɛhno]
heel	pata (ž)	[pata]

body	tělo (s)	[telo]
stomach	břicho (s)	[brʒɪxo]
chest	prsa (s mn)	[prsa]
breast	prs (m)	[prs]
flank	bok (m)	[bok]
back	záda (s mn)	[zaːda]
lower back	kříž (m)	[krʃiːʃ]
waist	pás (m)	[paːs]

navel (belly button)	pupek (m)	[pupɛk]
buttocks	hýždě (ž mn)	[hiːʒde]
bottom	zadek (m)	[zadɛk]

beauty spot	mateřské znaménko (s)	[matɛrʃkɛː znamɛːŋko]
tattoo	tetování (s)	[tɛtovaːniː]
scar	jizva (ž)	[jɪzva]

63. Diseases

illness	nemoc (ž)	[nɛmots]
to be ill	být nemocný	[biːt nɛmotsniː]
health	zdraví (s)	[zdraviː]

| runny nose (coryza) | rýma (ž) | [riːma] |
| tonsillitis | angína (ž) | [angiːna] |

English	Czech	Pronunciation
cold (illness)	nachlazení (s)	[naxlazɛni:]
to catch a cold	nachladit se	[naxladɪt sɛ]

bronchitis	bronchitida (ž)	[bronxɪti:da]
pneumonia	zápal (m) plic	[za:pal plɪʦ]
flu, influenza	chřipka (ž)	[xrʃɪpka]

shortsighted (adj)	krátkozraký	[kra:tkozraki:]
longsighted (adj)	dalekozraký	[dalɛkozraki:]
strabismus (crossed eyes)	šilhavost (ž)	[ʃɪlhavost]
squint-eyed (adj)	šilhavý	[ʃɪlhavi:]
cataract	šedý zákal (m)	[ʃɛdi: za:kal]
glaucoma	zelený zákal (m)	[zɛlɛni: za:kal]

stroke	mozková mrtvice (ž)	[moskova: mrtvɪʦɛ]
heart attack	infarkt (m)	[ɪnfarkt]
myocardial infarction	infarkt (m) myokardu	[ɪnfarkt mɪokardu]
paralysis	obrna (ž)	[obrna]
to paralyse (vt)	paralyzovat	[paralɪzovat]

allergy	alergie (ž)	[alɛrgɪe]
asthma	astma (s)	[astma]
diabetes	cukrovka (ž)	[ʦukrofka]

| toothache | bolení (s) zubů | [bolɛni: zubu:] |
| caries | zubní kaz (m) | [zubni: kaz] |

diarrhoea	průjem (m)	[pru:jɛm]
constipation	zácpa (ž)	[za:ʦpa]
stomach upset	žaludeční potíže (ž mn)	[ʒaludɛtʃni: poti:ʒe]
food poisoning	otrava (ž)	[otrava]
to get food poisoning	otrávit se	[otra:vɪt sɛ]

arthritis	artritida (ž)	[artrɪtɪda]
rickets	rachitida (ž)	[raxɪtɪda]
rheumatism	revmatismus (m)	[rɛvmatɪzmus]
atherosclerosis	ateroskleróza (ž)	[atɛrosklɛro:za]

gastritis	gastritida (ž)	[gastrɪtɪda]
appendicitis	apendicitida (ž)	[apɛndɪʦɪtɪda]
cholecystitis	zánět (m) žlučníku	[za:net ʒlutʃni:ku]
ulcer	vřed (m)	[vrʒɛt]

measles	spalničky (ž mn)	[spalnɪtʃki:]
rubella (German measles)	zarděnky (ž mn)	[zardeŋkɪ]
jaundice	žloutenka (ž)	[ʒloutɛŋka]
hepatitis	hepatitida (ž)	[hɛpatɪtɪda]

schizophrenia	schizofrenie (ž)	[sxɪzofrɛnɪe]
rabies (hydrophobia)	vzteklina (ž)	[vstɛklɪna]
neurosis	neuróza (ž)	[nɛuro:za]
concussion	otřes (m) mozku	[otrʃɛs mosku]

cancer	rakovina (ž)	[rakovɪna]
sclerosis	skleróza (ž)	[sklɛro:za]
multiple sclerosis	roztroušená skleróza (ž)	[roztrouʃena: sklɛro:za]

alcoholism	alkoholismus (m)	[alkoholɪzmus]
alcoholic (n)	alkoholik (m)	[alkoholɪk]
syphilis	syfilida (ž)	[sɪfɪlɪda]
AIDS	AIDS (m)	[ajts]

tumour	nádor (m)	[naːdor]
malignant (adj)	zhoubný	[zhoubniː]
benign (adj)	nezhoubný	[nɛzhoubniː]

fever	zimnice (ž)	[zɪmnɪʦɛ]
malaria	malárie (ž)	[malaːrɪe]
gangrene	gangréna (ž)	[gangrɛːna]
seasickness	mořská nemoc (ž)	[morʃskaː nɛmoʦ]
epilepsy	padoucnice (ž)	[padouʦnɪʦɛ]

epidemic	epidemie (ž)	[ɛpɪdɛmɪe]
typhus	tyf (m)	[tɪf]
tuberculosis	tuberkulóza (ž)	[tubɛrkuloːza]
cholera	cholera (ž)	[xolɛra]
plague (bubonic ~)	mor (m)	[mor]

64. Symptoms. Treatments. Part 1

symptom	příznak (m)	[prʃiːznak]
temperature	teplota (ž)	[tɛplota]
high temperature (fever)	vysoká teplota (ž)	[vɪsokaː tɛplota]
pulse (heartbeat)	tep (m)	[tɛp]

dizziness (vertigo)	závrať (ž)	[zaːvratʲ]
hot (adj)	horký	[horkiː]
shivering	mrazení (s)	[mrazɛniː]
pale (e.g. ~ face)	bledý	[blɛdiː]

cough	kašel (m)	[kaʃɛl]
to cough (vi)	kašlat	[kaʃlat]
to sneeze (vi)	kýchat	[kiːxat]
faint	mdloby (ž mn)	[mdlobɪ]
to faint (vi)	upadnout do mdlob	[upadnout do mdlop]

bruise (hématome)	modřina (ž)	[modrʒɪna]
bump (lump)	boule (ž)	[boulɛ]
to bang (bump)	uhodit se	[uhodɪt sɛ]
contusion (bruise)	pohmožděnina (ž)	[pohmoʒdɛnɪna]
to get a bruise	uhodit se	[uhodɪt sɛ]

to limp (vi)	kulhat	[kulhat]
dislocation	vykloubení (s)	[vɪkloubɛniː]
to dislocate (vt)	vykloubit	[vɪkloubɪt]
fracture	zlomenina (ž)	[zlomɛnɪna]
to have a fracture	dostat zlomeninu	[dostat zlomɛnɪnu]

cut (e.g. paper ~)	říznutí (s)	[rʒiːznutiː]
to cut oneself	říznout se	[rʒiːznout sɛ]
bleeding	krvácení (s)	[krvaːʦɛniː]

burn (injury)	popálenina (ž)	[popa:lɛnɪna]
to get burned	spálit se	[spa:lɪt sɛ]
to prick (vt)	píchnout	[pi:xnout]
to prick oneself	píchnout se	[pi:xnout sɛ]
to injure (vt)	pohmoždit	[pohmoʒdɪt]
injury	pohmoždění (s)	[pohmoʒdeni:]
wound	rána (ž)	[ra:na]
trauma	úraz (m)	[u:raz]
to be delirious	blouznit	[blouznɪt]
to stutter (vi)	zajíkat se	[zaji:kat sɛ]
sunstroke	úpal (m)	[u:pal]

65. Symptoms. Treatments. Part 2

pain, ache	bolest (ž)	[bolɛst]
splinter (in foot, etc.)	tříska (ž)	[trʃi:ska]
sweat (perspiration)	pot (m)	[pot]
to sweat (perspire)	potit se	[potɪt sɛ]
vomiting	zvracení (s)	[zvratsɛni:]
convulsions	křeče (ž mn)	[krʃɛtʃɛ]
pregnant (adj)	těhotná	[tehotna:]
to be born	narodit se	[narodɪt sɛ]
delivery, labour	porod (m)	[porot]
to deliver (~ a baby)	rodit	[rodɪt]
abortion	umělý potrat (m)	[umneli: potrat]
breathing, respiration	dýchání (s)	[di:xa:ni:]
in-breath (inhalation)	vdech (m)	[vdɛx]
out-breath (exhalation)	výdech (m)	[vi:dɛx]
to exhale (breathe out)	vydechnout	[vɪdɛxnout]
to inhale (vi)	nadechnout se	[nadɛxnout sɛ]
disabled person	invalida (m)	[ɪnvalɪda]
cripple	mrzák (m)	[mrza:k]
drug addict	narkoman (m)	[narkoman]
deaf (adj)	hluchý	[hluxi:]
mute (adj)	němý	[nemi:]
mad, insane (adj)	šílený	[ʃi:lɛni:]
madman	šílenec (m)	[ʃi:lɛnɛts]
(demented person)		
madwoman	šílenec (ž)	[ʃi:lɛnɛts]
to go insane	zešílet	[zɛʃi:lɛt]
gene	gen (m)	[gɛn]
immunity	imunita (ž)	[ɪmunɪta]
hereditary (adj)	dědičný	[dedɪtʃni:]
congenital (adj)	vrozený	[vrozɛni:]
virus	virus (m)	[vɪrus]

microbe	mikrob (m)	[mɪkrop]
bacterium	baktérie (ž)	[baktɛːrɪe]
infection	infekce (ž)	[ɪnfɛktsɛ]

66. Symptoms. Treatments. Part 3

| hospital | nemocnice (ž) | [nɛmotsnɪtsɛ] |
| patient | pacient (m) | [patsɪent] |

diagnosis	diagnóza (ž)	[dɪagnoːza]
cure	léčení (s)	[lɛːtʃɛniː]
medical treatment	léčba (ž)	[lɛːtʃba]
to get treatment	léčit se	[lɛːtʃɪt sɛ]
to treat (~ a patient)	léčit	[lɛːtʃɪt]
to nurse (look after)	ošetřovat	[oʃɛtrʃovat]
care (nursing ~)	ošetřování (s)	[oʃɛtrʃovaːniː]

operation, surgery	operace (ž)	[opɛratsɛ]
to bandage (head, limb)	obvázat	[obvaːzat]
bandaging	obvazování (s)	[obvazovaːniː]

vaccination	očkování (s)	[otʃkovaːniː]
to vaccinate (vt)	dělat očkování	[delat otʃkovaːniː]
injection	injekce (ž)	[ɪnjɛktsɛ]
to give an injection	dávat injekci	[daːvat ɪnjɛktsɪ]

attack	záchvat (m)	[zaːxvat]
amputation	amputace (ž)	[amputatsɛ]
to amputate (vt)	amputovat	[amputovat]
coma	kóma (s)	[koːma]
to be in a coma	být v kómatu	[biːt v koːmatu]
intensive care	reanimace (ž)	[rɛanɪmatsɛ]

to recover (~ from flu)	uzdravovat se	[uzdravovat sɛ]
condition (patient's ~)	stav (m)	[staf]
consciousness	vědomí (s)	[vedomiː]
memory (faculty)	paměť (ž)	[pamnetʲ]

to pull out (tooth)	trhat	[trhat]
filling	plomba (ž)	[plomba]
to fill (a tooth)	plombovat	[plombovat]

| hypnosis | hypnóza (ž) | [hɪpnoːza] |
| to hypnotize (vt) | hypnotizovat | [hɪpnotɪzovat] |

67. Medicine. Drugs. Accessories

medicine, drug	lék (m)	[lɛːk]
remedy	prostředek (m)	[prostrʃɛdɛk]
to prescribe (vt)	předepsat	[prʒɛdɛpsat]
prescription	recept (m)	[rɛtsɛpt]
tablet, pill	tableta (ž)	[tablɛta]

ointment	mast (ž)	[mast]
ampoule	ampule (ž)	[ampulɛ]
mixture, solution	mixtura (ž)	[mɪkstura]
syrup	sirup (m)	[sɪrup]
capsule	pilulka (ž)	[pɪlulka]
powder	prášek (m)	[praːʃɛk]
gauze bandage	obvaz (m)	[obvaz]
cotton wool	vata (ž)	[vata]
iodine	jód (m)	[joːt]
plaster	leukoplast (m)	[lɛukoplast]
eyedropper	pipeta (ž)	[pɪpɛta]
thermometer	teploměr (m)	[tɛplomner]
syringe	injekční stříkačka (ž)	[ɪnjɛktʃni: strʃiːkatʃka]
wheelchair	vozík (m)	[voziːk]
crutches	berle (ž mn)	[bɛrlɛ]
painkiller	anestetikum (s)	[anɛstɛtɪkum]
laxative	projímadlo (s)	[projiːmadlo]
spirits (ethanol)	líh (m)	[liːx]
medicinal herbs	bylina (ž)	[bɪlɪna]
herbal (~ tea)	bylinný	[bɪlɪnniː]

FLAT

68. Flat

flat	byt (m)	[bɪt]
room	pokoj (m)	[pokoj]
bedroom	ložnice (ž)	[loʒnɪtsɛ]
dining room	jídelna (ž)	[jiːdɛlna]
living room	přijímací pokoj (m)	[prʃɪjiːmatsi: pokoj]
study (home office)	pracovna (ž)	[pratsovna]
entry room	předsíň (ž)	[prʃɛtsiːnʲ]
bathroom	koupelna (ž)	[koupɛlna]
water closet	záchod (m)	[zaːxot]
ceiling	strop (m)	[strop]
floor	podlaha (ž)	[podlaha]
corner	kout (m)	[kout]

69. Furniture. Interior

furniture	nábytek (m)	[naːbɪtɛk]
table	stůl (m)	[stuːl]
chair	židle (ž)	[ʒɪdlɛ]
bed	lůžko (s)	[luːʃko]
sofa, settee	pohovka (ž)	[pohofka]
armchair	křeslo (s)	[krʃɛslo]
bookcase	knihovna (ž)	[knɪhovna]
shelf	police (ž)	[polɪtsɛ]
wardrobe	skříň (ž)	[skrʃiːnʲ]
coat rack (wall-mounted ~)	předsíňový věšák (m)	[prʃɛdsiːnovi: vɛʃaːk]
coat stand	stojanový věšák (m)	[stojanovi: vɛʃaːk]
chest of drawers	prádelník (m)	[praːdɛlniːk]
coffee table	konferenční stolek (m)	[konfɛrɛntʃni: stolɛk]
mirror	zrcadlo (s)	[zrtsadlo]
carpet	koberec (m)	[kobɛrɛts]
small carpet	kobereček (m)	[kobɛrɛtʃɛk]
fireplace	krb (m)	[krp]
candle	svíce (ž)	[sviːtsɛ]
candlestick	svícen (m)	[sviːtsɛn]
drapes	záclony (ž mn)	[zaːtslonɪ]
wallpaper	tapety (ž mn)	[tapɛtɪ]

blinds (jalousie)	žaluzie (ž)	[ʒaluzɪɛ]
table lamp	stolní lampa (ž)	[stolni: lampa]
wall lamp (sconce)	svítidlo (s)	[svi:tɪdlo]
standard lamp	stojací lampa (ž)	[stojaʦi: lampa]
chandelier	lustr (m)	[lʊstr]

leg (of chair, table)	noha (ž)	[noha]
armrest	područka (ž)	[podrʊʧka]
back (backrest)	opěradlo (s)	[operadlo]
drawer	zásuvka (ž)	[za:sʊfka]

70. Bedding

bedclothes	ložní prádlo (s)	[loʒni: pra:dlo]
pillow	polštář (m)	[polʃta:rʃ]
pillowslip	povlak (m) na polštář	[povlak na polʃta:rʒ]
duvet	deka (ž)	[dɛka]
sheet	prostěradlo (s)	[prosteradlo]
bedspread	přikrývka (ž)	[prʃɪkri:fka]

71. Kitchen

kitchen	kuchyně (ž)	[kʊxɪnɛ]
gas	plyn (m)	[plɪn]
gas cooker	plynový sporák (m)	[plɪnovi: spora:k]
electric cooker	elektrický sporák (m)	[ɛlɛktrɪʦki: spora:k]
oven	trouba (ž)	[trouba]
microwave oven	mikrovlnná pec (ž)	[mɪkrovlnna: pɛʦ]

refrigerator	lednička (ž)	[lɛdnɪʧka]
freezer	mrazicí komora (ž)	[mrazɪʦi: komora]
dishwasher	myčka (ž) nádobí	[mɪʧka na:dobi:]

mincer	mlýnek (m) na maso	[mli:nɛk na maso]
juicer	odšťavňovač (m)	[otʃtʲavnʲovatʃ]
toaster	opékač (m) topinek	[opɛ:katʃ topɪnɛk]
mixer	mixér (m)	[mɪksɛ:r]

coffee machine	kávovar (m)	[ka:vovar]
coffee pot	konvice (ž) na kávu	[konvɪʦɛ na ka:vʊ]
coffee grinder	mlýnek (m) na kávu	[mli:nɛk na ka:vʊ]

kettle	čajník (m)	[ʧajni:k]
teapot	čajová konvice (ž)	[ʧajova: konvɪʦɛ]
lid	poklička (ž)	[poklɪʧka]
tea strainer	cedítko (s)	[ʦɛdi:tko]

spoon	lžíce (ž)	[lʒi:ʦɛ]
teaspoon	kávová lžička (ž)	[ka:vova: lʒɪʧka]
soup spoon	polévková lžíce (ž)	[polɛ:fkova: lʒi:ʦɛ]
fork	vidlička (ž)	[vɪdlɪʧka]
knife	nůž (m)	[nu:ʃ]

T&P Books. Theme-based dictionary British English-Czech - 3000 words

tableware (dishes)	nádobí (s)	[na:dobi:]
plate (dinner ~)	talíř (m)	[tali:rʃ]
saucer	talířek (m)	[tali:rʒɛk]

shot glass	sklenička (ž)	[sklɛnɪtʃka]
glass (tumbler)	sklenice (ž)	[sklɛnɪtsɛ]
cup	šálek (m)	[ʃa:lɛk]

sugar bowl	cukřenka (ž)	[tsukrʃɛŋka]
salt cellar	solnička (ž)	[solnɪtʃka]
pepper pot	pepřenka (ž)	[pɛprʃɛŋka]
butter dish	nádobka (ž) na máslo	[na:dopka na ma:slo]

stock pot (soup pot)	hrnec (m)	[hrnɛts]
frying pan (skillet)	pánev (ž)	[pa:nɛf]
ladle	naběračka (ž)	[naberatʃka]
colander	cedník (m)	[tsɛdni:k]
tray (serving ~)	podnos (m)	[podnos]

bottle	láhev (ž)	[la:hɛf]
jar (glass)	sklenice (ž)	[sklɛnɪtsɛ]
tin (can)	plechovka (ž)	[plɛxofka]

bottle opener	otvírač (m) lahví	[otvi:ratʃ lahvi:]
tin opener	otvírač (m) konzerv	[otvi:ratʃ konzɛrf]
corkscrew	vývrtka (ž)	[vi:vrtka]
filter	filtr (m)	[fɪltr]
to filter (vt)	filtrovat	[fɪltrovat]

| waste (food ~, etc.) | odpadky (m mn) | [otpatki:] |
| waste bin (kitchen ~) | kbelík (m) na odpadky | [gbɛli:k na otpatkɪ] |

72. Bathroom

bathroom	koupelna (ž)	[koupɛlna]
water	voda (ž)	[voda]
tap	kohout (m)	[kohout]
hot water	teplá voda (ž)	[tɛpla: voda]
cold water	studená voda (ž)	[studɛna: voda]

| toothpaste | zubní pasta (ž) | [zubni: pasta] |
| to clean one's teeth | čistit si zuby | [tʃɪstɪt sɪ zubɪ] |

to shave (vi)	holit se	[holɪt sɛ]
shaving foam	pěna (ž) na holení	[pena na holɛni:]
razor	holicí strojek (m)	[holɪtsi: strojɛk]

to wash (one's hands, etc.)	mýt	[mi:t]
to have a bath	mýt se	[mi:t sɛ]
shower	sprcha (ž)	[sprxa]
to have a shower	sprchovat se	[sprxovat sɛ]

| bath | vana (ž) | [vana] |
| toilet (toilet bowl) | záchodová mísa (ž) | [za:xodova: mi:sa] |

73

sink (washbasin)	umývadlo (s)	[umi:vadlo]
soap	mýdlo (m)	[mi:dlo]
soap dish	miska (ž) na mýdlo	[mɪska na mi:dlo]

sponge	mycí houba (ž)	[mɪtsi: houba]
shampoo	šampon (m)	[ʃampon]
towel	ručník (m)	[rutʃni:k]
bathrobe	župan (m)	[ʒupan]

laundry (laundering)	praní (s)	[prani:]
washing machine	pračka (ž)	[pratʃka]
to do the laundry	prát	[pra:t]
washing powder	prací prášek (m)	[pratsi: pra:ʃɛk]

73. Household appliances

TV, telly	televizor (m)	[tɛlɛvɪzor]
tape recorder	magnetofon (m)	[magnɛtofon]
video	videomagnetofon (m)	[vɪdɛomagnɛtofon]
radio	přijímač (m)	[prʃɪji:matʃ]
player (CD, MP3, etc.)	přehrávač (m)	[prʃɛhra:vatʃ]

video projector	projektor (m)	[projɛktor]
home cinema	domácí biograf (m)	[doma:tsi: bɪograf]
DVD player	DVD přehrávač (m)	[dɛvɛdɛ prʃɛhra:vatʃ]
amplifier	zesilovač (m)	[zɛsɪlovatʃ]
video game console	hrací přístroj (m)	[hratsi: prʃi:stroj]

video camera	videokamera (ž)	[vɪdɛokamɛra]
camera (photo)	fotoaparát (m)	[fotoapara:t]
digital camera	digitální fotoaparát (m)	[dɪgɪta:lni: fotoapara:t]

vacuum cleaner	vysavač (m)	[vɪsavatʃ]
iron (e.g. steam ~)	žehlička (ž)	[ʒɛhlɪtʃka]
ironing board	žehlicí prkno (s)	[ʒɛhlɪtsi: prkno]

telephone	telefon (m)	[tɛlɛfon]
mobile phone	mobilní telefon (m)	[mobɪlni: tɛlɛfon]
typewriter	psací stroj (m)	[psatsi: stroj]
sewing machine	šicí stroj (m)	[ʃɪtsi: stroj]

microphone	mikrofon (m)	[mɪkrofon]
headphones	sluchátka (s mn)	[sluxa:tka]
remote control (TV)	ovládač (m)	[ovla:datʃ]

CD, compact disc	CD disk (m)	[tsɛ:dɛ: dɪsk]
cassette, tape	kazeta (ž)	[kazɛta]
vinyl record	deska (ž)	[dɛska]

THE EARTH. WEATHER

74. Outer space

space	kosmos (m)	[kosmos]
space (as adj)	kosmický	[kosmɪtski:]
outer space	kosmický prostor (m)	[kosmɪtski: prostor]
world, universe	vesmír (m)	[vɛsmi:r]
galaxy	galaxie (ž)	[galaksɪe]
star	hvězda (ž)	[hvezda]
constellation	souhvězdí (s)	[souhvezdi:]
planet	planeta (ž)	[planɛta]
satellite	družice (ž)	[druʒɪtsɛ]
meteorite	meteorit (m)	[mɛtɛorɪt]
comet	kometa (ž)	[komɛta]
asteroid	asteroid (m)	[astɛroɪt]
orbit	oběžná dráha (ž)	[obeʒna: dra:ha]
to revolve	otáčet se	[ota:tʃɛt sɛ]
(~ around the Earth)		
atmosphere	atmosféra (ž)	[atmosfɛ:ra]
the Sun	Slunce (s)	[sluntsɛ]
solar system	sluneční soustava (ž)	[slunɛtʃni: soustava]
solar eclipse	sluneční zatmění (s)	[slunɛtʃni: zatmneni:]
the Earth	Země (ž)	[zɛmnɛ]
the Moon	Měsíc (m)	[mnesi:ts]
Mars	Mars (m)	[mars]
Venus	Venuše (ž)	[vɛnuʃɛ]
Jupiter	Jupiter (m)	[jupɪtɛr]
Saturn	Saturn (m)	[saturn]
Mercury	Merkur (m)	[mɛrkur]
Uranus	Uran (m)	[uran]
Neptune	Neptun (m)	[nɛptun]
Pluto	Pluto (s)	[pluto]
Milky Way	Mléčná dráha (ž)	[mlɛ:tʃna: dra:ha]
Great Bear (Ursa Major)	Velká medvědice (ž)	[vɛlka: mɛdvedɪtsɛ]
North Star	Polárka (ž)	[pola:rka]
Martian	Marťan (m)	[marťan]
extraterrestrial (n)	mimozemšťan (m)	[mɪmozɛmʃťan]
alien	vetřelec (m)	[vɛtrʃɛlɛts]

flying saucer	létající talíř (m)	[lɛːtajiːtsi taliːrʃ]
spaceship	kosmická loď (ž)	[kosmɪtska: lotʲ]
space station	orbitální stanice (ž)	[orbɪtaːlni: stanɪtsɛ]
blast-off	start (m)	[start]
engine	motor (m)	[motor]
nozzle	tryska (ž)	[trɪska]
fuel	palivo (s)	[palɪvo]
cockpit, flight deck	kabina (ž)	[kabɪna]
aerial	anténa (ž)	[antɛːna]
porthole	okénko (s)	[okɛːŋko]
solar panel	sluneční baterie (ž)	[slunɛtʃni: batɛrɪe]
spacesuit	skafandr (m)	[skafandr]
weightlessness	beztížný stav (m)	[bɛztiːʒni: staf]
oxygen	kyslík (m)	[kɪsliːk]
docking (in space)	spojení (s)	[spojɛniː]
to dock (vi, vt)	spojovat se	[spojovat sɛ]
observatory	observatoř (ž)	[opsɛrvatorʃ]
telescope	teleskop (m)	[tɛlɛskop]
to observe (vt)	pozorovat	[pozorovat]
to explore (vt)	zkoumat	[skoumat]

75. The Earth

the Earth	Země (ž)	[zɛmnɛ]
the globe (the Earth)	zeměkoule (ž)	[zɛmnekoulɛ]
planet	planeta (ž)	[planɛta]
atmosphere	atmosféra (ž)	[atmosfɛːra]
geography	zeměpis (m)	[zɛmnepɪs]
nature	příroda (ž)	[prʃiːroda]
globe (table ~)	glóbus (m)	[gloːbus]
map	mapa (ž)	[mapa]
atlas	atlas (m)	[atlas]
Europe	Evropa (ž)	[ɛvropa]
Asia	Asie (ž)	[azɪe]
Africa	Afrika (ž)	[afrɪka]
Australia	Austrálie (ž)	[austraːlɪe]
America	Amerika (ž)	[amɛrɪka]
North America	Severní Amerika (ž)	[sɛvɛrni: amɛrɪka]
South America	Jižní Amerika (ž)	[jɪʒni: amɛrɪka]
Antarctica	Antarktida (ž)	[antarktiːda]
the Arctic	Arktida (ž)	[arktɪda]

76. Cardinal directions

north	sever (m)	[sɛvɛr]
to the north	na sever	[na sɛvɛr]
in the north	na severu	[na sɛvɛru]
northern (adj)	severní	[sɛvɛrni:]
south	jih (m)	[jɪx]
to the south	na jih	[na jɪx]
in the south	na jihu	[na jɪhu]
southern (adj)	jižní	[jɪʒni:]
west	západ (m)	[za:pat]
to the west	na západ	[na za:pat]
in the west	na západě	[na za:pade]
western (adj)	západní	[za:padni:]
east	východ (m)	[vi:xot]
to the east	na východ	[na vi:xot]
in the east	na východě	[na vi:xode]
eastern (adj)	východní	[vi:xodni:]

77. Sea. Ocean

sea	moře (s)	[morʒɛ]
ocean	oceán (m)	[oʦɛa:n]
gulf (bay)	záliv (m)	[za:lɪf]
straits	průliv (m)	[pru:lɪf]
continent (mainland)	pevnina (ž)	[pɛvnɪna]
island	ostrov (m)	[ostrof]
peninsula	poloostrov (m)	[poloostrof]
archipelago	souostroví (s)	[souostrovi:]
bay, cove	zátoka (ž)	[za:toka]
harbour	přístav (m)	[prʃi:staf]
lagoon	laguna (ž)	[lagu:na]
cape	mys (m)	[mɪs]
atoll	atol (m)	[atol]
reef	útes (m)	[u:tɛs]
coral	korál (m)	[kora:l]
coral reef	korálový útes (m)	[kora:lovi: u:tɛs]
deep (adj)	hluboký	[hluboki:]
depth (deep water)	hloubka (ž)	[hloupka]
abyss	hlubina (ž)	[hlubɪna]
trench (e.g. Mariana ~)	prohlubeň (ž)	[prohlubɛnʲ]
current (Ocean ~)	proud (m)	[prout]
to surround (bathe)	omývat	[omi:vat]
shore	břeh (m)	[brʒɛx]
coast	pobřeží (s)	[pobrʒɛʒi:]

flow (flood tide)	příliv (m)	[prʃiːlɪf]
ebb (ebb tide)	odliv (m)	[odlɪf]
shoal	mělčina (ž)	[mneltʃɪna]
bottom (~ of the sea)	dno (s)	[dno]
wave	vlna (ž)	[vlna]
crest (~ of a wave)	hřbet (m) vlny	[hrʒbɛt vlnɪ]
spume (sea foam)	pěna (ž)	[pena]
storm (sea storm)	bouřka (ž)	[bourʃka]
hurricane	hurikán (m)	[hurɪkaːn]
tsunami	tsunami (s)	[tsunamɪ]
calm (dead ~)	bezvětří (s)	[bɛzvetrʃiː]
quiet, calm (adj)	klidný	[klɪdniː]
pole	pól (m)	[poːl]
polar (adj)	polární	[polaːrniː]
latitude	šířka (ž)	[ʃiːrʃka]
longitude	délka (ž)	[dɛːlka]
parallel	rovnoběžka (ž)	[rovnobeʃka]
equator	rovník (m)	[rovniːk]
sky	obloha (ž)	[obloha]
horizon	horizont (m)	[horɪzont]
air	vzduch (m)	[vzdux]
lighthouse	maják (m)	[majaːk]
to dive (vi)	potápět se	[potaːpet sɛ]
to sink (ab. boat)	potopit se	[potopɪt sɛ]
treasures	bohatství (s)	[bohatstviː]

78. Seas & Oceans names

Atlantic Ocean	Atlantický oceán (m)	[atlantɪtski: otsɛaːn]
Indian Ocean	Indický oceán (m)	[ɪndɪtski: otsɛaːn]
Pacific Ocean	Tichý oceán (m)	[tɪxi: otsɛaːn]
Arctic Ocean	Severní ledový oceán (m)	[sɛvɛrni: lɛdovi: otsɛaːn]
Black Sea	Černé moře (s)	[tʃɛrnɛ: morʒɛ]
Red Sea	Rudé moře (s)	[rudɛ: morʒɛ]
Yellow Sea	Žluté moře (s)	[ʒlutɛ: morʒɛ]
White Sea	Bílé moře (s)	[biːlɛ: morʒɛ]
Caspian Sea	Kaspické moře (s)	[kaspɪtskɛ: morʒɛ]
Dead Sea	Mrtvé moře (s)	[mrtvɛ: morʒɛ]
Mediterranean Sea	Středozemní moře (s)	[strʃɛdozɛmni: morʒɛ]
Aegean Sea	Egejské moře (s)	[ɛgɛjskɛ: morʒɛ]
Adriatic Sea	Jaderské moře (s)	[jadɛrskɛ: morʒɛ]
Arabian Sea	Arabské moře (s)	[arapskɛ: morʒɛ]
Sea of Japan	Japonské moře (s)	[japonskɛ: morʒɛ]
Bering Sea	Beringovo moře (s)	[bɛrɪngovo morʒɛ]

South China Sea	Jihočínské moře (s)	[jɪhotʃi:nskɛ: morʒɛ]
Coral Sea	Korálové moře (s)	[kora:lovɛ: morʒɛ]
Tasman Sea	Tasmanovo moře (s)	[tasmanovo morʒɛ]
Caribbean Sea	Karibské moře (s)	[karɪpskɛ: morʒɛ]
Barents Sea	Barentsovo moře (s)	[barɛntsovo morʒɛ]
Kara Sea	Karské moře (s)	[karskɛ: morʒɛ]
North Sea	Severní moře (s)	[sɛvɛrni: morʒɛ]
Baltic Sea	Baltské moře (s)	[baltskɛ: morʒɛ]
Norwegian Sea	Norské moře (s)	[norskɛ: morʒɛ]

79. Mountains

mountain	hora (ž)	[hora]
mountain range	horské pásmo (s)	[horskɛ: pa:smo]
mountain ridge	horský hřbet (m)	[horski: hrʒbɛt]
summit, top	vrchol (m)	[vrxol]
peak	štít (m)	[ʃti:t]
foot (~ of the mountain)	úpatí (s)	[u:pati:]
slope (mountainside)	svah (m)	[svax]
volcano	sopka (ž)	[sopka]
active volcano	činná sopka (ž)	[tʃɪnna: sopka]
dormant volcano	vyhaslá sopka (ž)	[vɪhasla: sopka]
eruption	výbuch (m)	[vi:bux]
crater	kráter (m)	[kra:tɛr]
magma	magma (ž)	[magma]
lava	láva (ž)	[la:va]
molten (~ lava)	rozžhavený	[rozʒhavɛni:]
canyon	kaňon (m)	[kanjon]
gorge	soutěska (ž)	[souteska]
crevice	rozsedlina (ž)	[rozsɛdlɪna]
pass, col	průsmyk (m)	[pru:smɪk]
plateau	plató (s)	[plato:]
cliff	skála (ž)	[ska:la]
hill	kopec (m)	[kopɛts]
glacier	ledovec (m)	[lɛdovɛts]
waterfall	vodopád (m)	[vodopa:t]
geyser	vřídlo (s)	[vrʒi:dlo]
lake	jezero (s)	[jɛzɛro]
plain	rovina (ž)	[rovɪna]
landscape	krajina (ž)	[krajɪna]
echo	ozvěna (ž)	[ozvena]
alpinist	horolezec (m)	[horolɛzɛts]
rock climber	horolezec (m)	[horolɛzɛts]
to conquer (in climbing)	dobývat	[dobi:vat]
climb (an easy ~)	výstup (m)	[vi:stup]

80. Mountains names

The Alps	Alpy (mn)	[alpɪ]
Mont Blanc	Mont Blanc (m)	[monblaŋ]
The Pyrenees	Pyreneje (mn)	[pɪrɛnɛjɛ]

The Carpathians	Karpaty (mn)	[karpatɪ]
The Ural Mountains	Ural (m)	[ural]
The Caucasus Mountains	Kavkaz (m)	[kafkaz]
Mount Elbrus	Elbrus (m)	[ɛlbrus]

The Altai Mountains	Altaj (m)	[altaj]
The Tian Shan	Ťan-šan (ž)	[tʲan-ʃan]
The Pamir Mountains	Pamír (m)	[pamiːr]
The Himalayas	Himaláje (mn)	[hɪmalaːjɛ]
Mount Everest	Mount Everest (m)	[mount ɛvɛrɛst]

| The Andes | Andy (mn) | [andɪ] |
| Mount Kilimanjaro | Kilimandžáro (s) | [kɪlɪmandʒaːro] |

81. Rivers

river	řeka (ž)	[rʒɛka]
spring (natural source)	pramen (m)	[pramɛn]
riverbed (river channel)	koryto (s)	[korɪto]
basin (river valley)	povodí (s)	[povodiː]
to flow into ...	vlévat se	[vlɛːvat sɛ]

| tributary | přítok (m) | [prʃiːtok] |
| bank (of river) | břeh (m) | [brʒɛx] |

current (stream)	proud (m)	[prout]
downstream (adv)	po proudu	[po proudu]
upstream (adv)	proti proudu	[protɪ proudu]

inundation	povodeň (ž)	[povodɛnʲ]
flooding	záplava (ž)	[zaːplava]
to overflow (vi)	rozlévat se	[rozlɛːvat sɛ]
to flood (vt)	zaplavovat	[zaplavovat]

| shallow (shoal) | mělčina (ž) | [mnɛltʃɪna] |
| rapids | peřej (ž) | [pɛrʒɛj] |

dam	přehrada (ž)	[prʃɛhrada]
canal	průplav (m)	[pruːplaf]
reservoir (artificial lake)	vodní nádrž (ž)	[vodniː naːdrʃ]
sluice, lock	zdymadlo (s)	[zdɪmadlo]

water body (pond, etc.)	vodojem (m)	[vodojɛm]
swamp (marshland)	bažina (ž)	[baʒɪna]
bog, marsh	slať (ž)	[slatʲ]
whirlpool	vír (m)	[viːr]
stream (brook)	potok (m)	[potok]

drinking (ab. water)	pitný	[pɪtniː]
fresh (~ water)	sladký	[slatkiː]
ice	led (m)	[lɛt]
to freeze over (ab. river, etc.)	zamrznout	[zamrznout]

82. Rivers names

Seine	Seina (ž)	[seːna]
Loire	Loira (ž)	[loaːra]
Thames	Temže (ž)	[tɛmʒe]
Rhine	Rýn (m)	[riːn]
Danube	Dunaj (m)	[dunaj]
Volga	Volha (ž)	[volha]
Don	Don (m)	[don]
Lena	Lena (ž)	[lɛna]
Yellow River	Chuang-chež (ž)	[xuan-xɛ]
Yangtze	Jang-c'-ťiang (ž)	[jang-ʦɛ-tʲang]
Mekong	Mekong (m)	[mɛkong]
Ganges	Ganga (ž)	[ganga]
Nile River	Nil (m)	[nɪl]
Congo River	Kongo (s)	[kongo]
Okavango River	Okavango (s)	[okavango]
Zambezi River	Zambezi (ž)	[zambɛzɪ]
Limpopo River	Limpopo (s)	[lɪmpopo]
Mississippi River	Mississippi (ž)	[mɪsɪsɪpɪ]

83. Forest

forest, wood	les (m)	[lɛs]
forest (as adj)	lesní	[lɛsniː]
thick forest	houština (ž)	[houʃtɪna]
grove	háj (m)	[haːj]
forest clearing	mýtina (ž)	[miːtɪna]
thicket	houští (s)	[houʃtiː]
scrubland	křoví (s)	[krʃoviː]
footpath (troddenpath)	stezka (ž)	[stɛska]
gully	rokle (ž)	[roklɛ]
tree	strom (m)	[strom]
leaf	list (m)	[lɪst]
leaves (foliage)	listí (s)	[lɪstiː]
fall of leaves	padání (s) listí	[padaːni lɪstiː]
to fall (ab. leaves)	opadávat	[opadaːvat]

English	Czech	IPA
top (of the tree)	vrchol (m)	[vrxol]
branch	větev (ž)	[vetɛf]
bough	suk (m)	[suk]
bud (on shrub, tree)	pupen (m)	[pupɛn]
needle (of pine tree)	jehla (ž)	[jɛhla]
fir cone	šiška (ž)	[ʃɪʃka]
tree hollow	dutina (ž)	[dutɪna]
nest	hnízdo (s)	[hni:zdo]
burrow (animal hole)	doupě (s)	[doupe]
trunk	kmen (m)	[kmɛn]
root	kořen (m)	[korʒɛn]
bark	kůra (ž)	[ku:ra]
moss	mech (m)	[mɛx]
to uproot (remove trees or tree stumps)	klučit	[klutʃɪt]
to chop down	kácet	[ka:tsɛt]
to deforest (vt)	odlesnit	[odlesnɪt]
tree stump	pařez (m)	[parʒɛz]
campfire	oheň (m)	[ohɛnʲ]
forest fire	požár (m)	[poʒa:r]
to extinguish (vt)	hasit	[hasɪt]
forest ranger	hajný (m)	[hajni:]
protection	ochrana (ž)	[oxrana]
to protect (~ nature)	chránit	[xra:nɪt]
poacher	pytlák (m)	[pɪtla:k]
steel trap	past (ž)	[past]
to gather, to pick (vt)	sbírat	[zbi:rat]
to lose one's way	zabloudit	[zabloudɪt]

84. Natural resources

natural resources	přírodní zdroje (m mn)	[prʃi:rodni: zdrojɛ]
minerals	užitkové nerosty (m mn)	[uʒɪtkovɛ: nɛrostɪ]
deposits	ložisko (s)	[loʒɪsko]
field (e.g. oilfield)	naleziště (s)	[nalezɪʃte]
to mine (extract)	dobývat	[dobi:vat]
mining (extraction)	těžba (ž)	[teʒba]
ore	ruda (ž)	[ruda]
mine (e.g. for coal)	důl (m)	[du:l]
shaft (mine ~)	šachta (ž)	[ʃaxta]
miner	horník (m)	[horni:k]
gas (natural ~)	plyn (m)	[plɪn]
gas pipeline	plynovod (m)	[plɪnovot]
oil (petroleum)	ropa (ž)	[ropa]
oil pipeline	ropovod (m)	[ropovot]

oil well	ropová věž (ž)	[ropovaː vɛʃ]
derrick (tower)	vrtná věž (ž)	[vrtnaː vɛʃ]
tanker	tanková loď (ž)	[taŋkova: lotʲ]

sand	písek (m)	[piːsɛk]
limestone	vápenec (m)	[vaːpɛnɛts]
gravel	štěrk (m)	[ʃterk]
peat	rašelina (ž)	[raʃɛlɪna]
clay	hlína (ž)	[hliːna]
coal	uhlí (s)	[uhliː]

iron (ore)	železo (s)	[ʒelɛzo]
gold	zlato (s)	[zlato]
silver	stříbro (s)	[strʃiːbro]
nickel	nikl (m)	[nɪkl]
copper	měď (ž)	[mnetʲ]

zinc	zinek (m)	[zɪnɛk]
manganese	mangan (m)	[mangan]
mercury	rtuť (ž)	[rtutʲ]
lead	olovo (s)	[olovo]

mineral	minerál (m)	[mɪnɛraːl]
crystal	krystal (m)	[krɪstal]
marble	mramor (m)	[mramor]
uranium	uran (m)	[uran]

85. Weather

weather	počasí (s)	[potʃasiː]
weather forecast	předpověď (ž) počasí	[prʃɛtpovetʲ potʃasiː]
temperature	teplota (ž)	[tɛplota]
thermometer	teploměr (m)	[tɛplomner]
barometer	barometr (m)	[baromɛtr]

humidity	vlhkost (ž)	[vlxkost]
heat (extreme ~)	horko (s)	[horko]
hot (torrid)	horký	[horkiː]
it's hot	horko	[horko]

it's warm	teplo	[tɛplo]
warm (moderately hot)	teplý	[tɛpliː]

it's cold	je zima	[jɛ zɪma]
cold (adj)	studený	[studɛniː]

sun	slunce (s)	[sluntsɛ]
to shine (vi)	svítit	[sviːtɪt]
sunny (day)	sluneční	[slunɛtʃniː]
to come up (vi)	vzejít	[vzɛjiːt]
to set (vi)	zapadnout	[zapadnout]

cloud	mrak (m)	[mrak]
cloudy (adj)	oblačný	[oblatʃniː]

| rain cloud | mračno (s) | [mratʃno] |
| somber (gloomy) | pochmurný | [poxmurni:] |

rain	déšť (m)	[dɛːʃtʲ]
it's raining	prší	[prʃiː]
rainy (~ day, weather)	deštivý	[dɛʃtɪviː]
to drizzle (vi)	mrholit	[mrholɪt]

pouring rain	liják (m)	[lɪjaːk]
downpour	liják (m)	[lɪjaːk]
heavy (e.g. ~ rain)	silný	[sɪlniː]
puddle	kaluž (ž)	[kaluʃ]
to get wet (in rain)	moknout	[moknout]

fog (mist)	mlha (ž)	[mlha]
foggy	mlhavý	[mlhaviː]
snow	sníh (m)	[sniːx]
it's snowing	sněží	[sneʒiː]

86. Severe weather. Natural disasters

thunderstorm	bouřka (ž)	[bourʃka]
lightning (~ strike)	blesk (m)	[blɛsk]
to flash (vi)	blýskat se	[bliːskat sɛ]

thunder	hřmění (s)	[hrʒmneniː]
to thunder (vi)	hřmít	[hrʒmiːt]
it's thundering	hřmí	[hrʒmiː]

| hail | kroupy (ž mn) | [kroupɪ] |
| it's hailing | padají kroupy | [padajiː kroupɪ] |

| to flood (vt) | zaplavit | [zaplavɪt] |
| flood, inundation | povodeň (ž) | [povodɛnʲ] |

earthquake	zemětřesení (s)	[zɛmnetrʃɛsɛniː]
tremor, shoke	otřes (m)	[otrʃɛs]
epicentre	epicentrum (s)	[ɛpɪtsɛntrum]

| eruption | výbuch (m) | [viːbux] |
| lava | láva (ž) | [laːva] |

twister	smršť (ž)	[smrʃtʲ]
tornado	tornádo (s)	[tornaːdo]
typhoon	tajfun (m)	[tajfun]

hurricane	hurikán (m)	[hurɪkaːn]
storm	bouřka (ž)	[bourʃka]
tsunami	tsunami (s)	[tsunamɪ]

cyclone	cyklón (m)	[tsikloːn]
bad weather	nečas (m)	[nɛtʃas]
fire (accident)	požár (m)	[poʒaːr]
disaster	katastrofa (ž)	[katastrofa]

meteorite	meteorit (m)	[mɛtɛorɪt]
avalanche	lavina (ž)	[lavɪna]
snowslide	lavina (ž)	[lavɪna]
blizzard	metelice (ž)	[mɛtɛlɪtsɛ]
snowstorm	vánice (ž)	[vaːnɪtsɛ]

FAUNA

87. Mammals. Predators

predator	šelma (ž)	[ʃɛlma]
tiger	tygr (m)	[tɪgr]
lion	lev (m)	[lɛf]
wolf	vlk (m)	[vlk]
fox	liška (ž)	[lɪʃka]
jaguar	jaguár (m)	[jaguaːr]
leopard	levhart (m)	[lɛvhart]
cheetah	gepard (m)	[gɛpart]
black panther	panter (m)	[pantɛr]
puma	puma (ž)	[puma]
snow leopard	pardál (m)	[pardaːl]
lynx	rys (m)	[rɪs]
coyote	kojot (m)	[kojot]
jackal	šakal (m)	[ʃakal]
hyena	hyena (ž)	[hɪena]

88. Wild animals

animal	zvíře (s)	[zviːrʒɛ]
beast (animal)	zvíře (s)	[zviːrʒɛ]
squirrel	veverka (ž)	[vɛvɛrka]
hedgehog	ježek (m)	[jɛʒek]
hare	zajíc (m)	[zajiːts]
rabbit	králík (m)	[kraːliːk]
badger	jezevec (m)	[jɛzɛvɛts]
raccoon	mýval (m)	[miːval]
hamster	křeček (m)	[krʃɛtʃɛk]
marmot	svišť (m)	[svɪʃtʲ]
mole	krtek (m)	[krtɛk]
mouse	myš (ž)	[mɪʃ]
rat	krysa (ž)	[krɪsa]
bat	netopýr (m)	[nɛtopiːr]
ermine	hranostaj (m)	[hranostaj]
sable	sobol (m)	[sobol]
marten	kuna (ž)	[kuna]
weasel	lasice (ž)	[lasɪtsɛ]
mink	norek (m)	[norɛk]

| beaver | bobr (m) | [bobr] |
| otter | vydra (ž) | [vɪdra] |

horse	kůň (m)	[kuːnʲ]
moose	los (m)	[los]
deer	jelen (m)	[jɛlɛn]
camel	velbloud (m)	[vɛlblout]

bison	bizon (m)	[bɪzon]
wisent	zubr (m)	[zubr]
buffalo	buvol (m)	[buvol]

zebra	zebra (ž)	[zɛbra]
antelope	antilopa (ž)	[antɪlopa]
roe deer	srnka (ž)	[srŋka]
fallow deer	daněk (m)	[danek]
chamois	kamzík (m)	[kamziːk]
wild boar	vepř (m)	[vɛprʃ]

whale	velryba (ž)	[vɛlrɪba]
seal	tuleň (m)	[tulɛnʲ]
walrus	mrož (m)	[mroʃ]
fur seal	lachtan (m)	[laxtan]
dolphin	delfín (m)	[dɛlfiːn]

bear	medvěd (m)	[mɛdvet]
polar bear	bílý medvěd (m)	[biːliː mɛdvet]
panda	panda (ž)	[panda]

monkey	opice (ž)	[opɪtsɛ]
chimpanzee	šimpanz (m)	[ʃɪmpanz]
orangutan	orangutan (m)	[orangutan]
gorilla	gorila (ž)	[gorɪla]
macaque	makak (m)	[makak]
gibbon	gibon (m)	[gɪbon]

elephant	slon (m)	[slon]
rhinoceros	nosorožec (m)	[nosoroʒets]
giraffe	žirafa (ž)	[ʒɪrafa]
hippopotamus	hroch (m)	[hrox]

| kangaroo | klokan (m) | [klokan] |
| koala (bear) | koala (ž) | [koala] |

mongoose	promyka (ž) indická	[promɪka ɪndɪtska:]
chinchilla	činčila (ž)	[tʃɪntʃɪla]
skunk	skunk (m)	[skuŋk]
porcupine	dikobraz (m)	[dɪkobras]

89. Domestic animals

cat	kočka (ž)	[kotʃka]
tomcat	kocour (m)	[kotsour]
dog	pes (m)	[pɛs]

horse	kůň (m)	[ku:nʲ]
stallion (male horse)	hřebec (m)	[hrʒɛbɛts]
mare	kobyla (ž)	[kobɪla]
cow	kráva (ž)	[kra:va]
bull	býk (m)	[bi:k]
ox	vůl (m)	[vu:l]
sheep (ewe)	ovce (ž)	[ovtsɛ]
ram	beran (m)	[bɛran]
goat	koza (ž)	[koza]
billy goat, he-goat	kozel (m)	[kozɛl]
donkey	osel (m)	[osɛl]
mule	mul (m)	[mul]
pig	prase (s)	[prasɛ]
piglet	prasátko (s)	[prasa:tko]
rabbit	králík (m)	[kra:li:k]
hen (chicken)	slepice (ž)	[slɛpɪtsɛ]
cock	kohout (m)	[kohout]
duck	kachna (ž)	[kaxna]
drake	kačer (m)	[katʃɛr]
goose	husa (ž)	[husa]
tom turkey, gobbler	krocan (m)	[krotsan]
turkey (hen)	krůta (ž)	[kru:ta]
domestic animals	domácí zvířata (s mn)	[doma:tsi: zvi:rʒata]
tame (e.g. ~ hamster)	ochočený	[oxotʃɛni:]
to tame (vt)	ochočovat	[oxotʃovat]
to breed (vt)	chovat	[xovat]
farm	farma (ž)	[farma]
poultry	drůbež (ž)	[dru:bɛʃ]
cattle	dobytek (m)	[dobɪtɛk]
herd (cattle)	stádo (s)	[sta:do]
stable	stáj (ž)	[sta:j]
pigsty	vepřín (m)	[vɛprʃi:n]
cowshed	kravín (m)	[kravi:n]
rabbit hutch	králíkárna (ž)	[kra:li:ka:rna]
hen house	kurník (m)	[kurni:k]

90. Birds

bird	pták (m)	[pta:k]
pigeon	holub (m)	[holup]
sparrow	vrabec (m)	[vrabɛts]
tit (great tit)	sýkora (ž)	[si:kora]
magpie	straka (ž)	[straka]
raven	havran (m)	[havran]

T&P Books. Theme-based dictionary British English-Czech - 3000 words

crow	vrána (ž)	[vraːna]
jackdaw	kavka (ž)	[kafka]
rook	polní havran (m)	[polniː havran]

duck	kachna (ž)	[kaxna]
goose	husa (ž)	[husa]
pheasant	bažant (m)	[baʒant]

eagle	orel (m)	[orɛl]
hawk	jestřáb (m)	[jɛstrʃaːp]
falcon	sokol (m)	[sokol]
vulture	sup (m)	[sʊp]
condor (Andean ~)	kondor (m)	[kondor]

swan	labuť (ž)	[labutʲ]
crane	jeřáb (m)	[jɛrʒaːp]
stork	čáp (m)	[tʃaːp]

parrot	papoušek (m)	[papouʃɛk]
hummingbird	kolibřík (m)	[kolːbrʒiːk]
peacock	páv (m)	[paːf]

ostrich	pštros (m)	[pʃtros]
heron	volavka (ž)	[volafka]
flamingo	plameňák (m)	[plamɛnʲaːk]
pelican	pelikán (m)	[pɛlɪkaːn]

| nightingale | slavík (m) | [slaviːk] |
| swallow | vlaštovka (ž) | [vlaʃtofka] |

thrush	drozd (m)	[drozt]
song thrush	zpěvný drozd (m)	[spevniː drozt]
blackbird	kos (m)	[kos]

swift	rorejs (m)	[rorɛjs]
lark	skřivan (m)	[skrʃɪvan]
quail	křepel (m)	[krʃɛpɛl]

woodpecker	datel (m)	[datɛl]
cuckoo	kukačka (ž)	[kukatʃka]
owl	sova (ž)	[sova]
eagle owl	výr (m)	[viːr]
wood grouse	tetřev (m) hlušec	[tɛtrʃɛv hluʃɛts]
black grouse	tetřev (m)	[tɛtrʃɛf]
partridge	koroptev (ž)	[koroptɛf]

starling	špaček (m)	[ʃpatʃɛk]
canary	kanár (m)	[kanaːr]
hazel grouse	jeřábek (m)	[jɛrʒaːbɛk]

| chaffinch | pěnkava (ž) | [peŋkava] |
| bullfinch | hejl (m) | [hɛjl] |

seagull	racek (m)	[ratsɛk]
albatross	albatros (m)	[albatros]
penguin	tučňák (m)	[tutʃnʲaːk]

91. Fish. Marine animals

bream	cejn (m)	[ʦɛjn]
carp	kapr (m)	[kapr]
perch	okoun (m)	[okoun]
catfish	sumec (m)	[sumɛʦ]
pike	štika (ž)	[ʃtɪka]
salmon	losos (m)	[losos]
sturgeon	jeseter (m)	[jɛsɛtɛr]
herring	sleď (ž)	[slɛtʲ]
Atlantic salmon	losos (m)	[losos]
mackerel	makrela (ž)	[makrɛla]
flatfish	platýs (m)	[platiːs]
zander, pike perch	candát (m)	[ʦandaːt]
cod	treska (ž)	[trɛska]
tuna	tuňák (m)	[tunʲaːk]
trout	pstruh (m)	[pstrux]
eel	úhoř (m)	[uːhorʃ]
electric ray	rejnok (m) elektrický	[rɛjnok ɛlɛktrɪʦki:]
moray eel	muréna (ž)	[murɛːna]
piranha	piraňa (ž)	[pɪranʲja]
shark	žralok (m)	[ʒralok]
dolphin	delfín (m)	[dɛlfiːn]
whale	velryba (ž)	[vɛlrɪba]
crab	krab (m)	[krap]
jellyfish	medúza (ž)	[mɛduːza]
octopus	chobotnice (ž)	[xobotnɪʦɛ]
starfish	hvězdice (ž)	[hvezdɪʦɛ]
sea urchin	ježovka (ž)	[jɛʒofka]
seahorse	mořský koníček (m)	[morʃski: koniːʧɛk]
oyster	ústřice (ž)	[uːstrʃɪʦɛ]
prawn	kreveta (ž)	[krɛvɛta]
lobster	humr (m)	[humr]
spiny lobster	langusta (ž)	[langusta]

92. Amphibians. Reptiles

snake	had (m)	[hat]
venomous (snake)	jedovatý	[jɛdovatiː]
viper	zmije (ž)	[zmɪjɛ]
cobra	kobra (ž)	[kobra]
python	krajta (ž)	[krajta]
boa	hroznýš (m)	[hrozniːʃ]
grass snake	užovka (ž)	[uʒofka]

rattle snake	chřestýš (m)	[xrʃɛsti:ʃ]
anaconda	anakonda (ž)	[anakonda]

lizard	ještěrka (ž)	[jɛʃterka]
iguana	leguán (m)	[lɛgua:n]
monitor lizard	varan (m)	[varan]
salamander	mlok (m)	[mlok]
chameleon	chameleón (m)	[xamɛlɛo:n]
scorpion	štír (m)	[ʃti:r]

turtle	želva (ž)	[ʒelva]
frog	žába (ž)	[ʒa:ba]
toad	ropucha (ž)	[ropuxa]
crocodile	krokodýl (m)	[krokodi:l]

93. Insects

insect	hmyz (m)	[hmɪz]
butterfly	motýl (m)	[moti:l]
ant	mravenec (m)	[mravɛnɛʦ]
fly	moucha (ž)	[mouxa]
mosquito	komár (m)	[koma:r]
beetle	brouk (m)	[brouk]

wasp	vosa (ž)	[vosa]
bee	včela (ž)	[vtʃɛla]
bumblebee	čmelák (m)	[tʃmɛla:k]
gadfly (botfly)	střeček (m)	[strʃɛtʃɛk]

spider	pavouk (m)	[pavouk]
spider's web	pavučina (ž)	[pavutʃɪna]

dragonfly	vážka (ž)	[va:ʃka]
grasshopper	kobylka (ž)	[kobɪlka]
moth (night butterfly)	motýl (m)	[moti:l]

cockroach	šváb (m)	[ʃva:p]
tick	klíště (s)	[kli:ʃte]
flea	blecha (ž)	[blɛxa]
midge	muška (ž)	[muʃka]

locust	saranče (ž)	[sarantʃɛ]
snail	hlemýžď (m)	[hlɛmi:ʒtʲ]
cricket	cvrček (m)	[ʦvrtʃɛk]
firefly	svatojánská muška (ž)	[svatoja:nska: muʃka]
ladybird	slunéčko (s) sedmitečné	[slunɛ:tʃko sɛdmɪtɛtʃnɛ:]
cockchafer	chroust (m)	[xroust]

leech	piavice (ž)	[pɪavɪʦɛ]
caterpillar	housenka (ž)	[housɛŋka]
earthworm	červ (m)	[tʃɛrʃ]
larva	larva (ž)	[larva]

FLORA

94. Trees

tree	strom (m)	[strom]
deciduous (adj)	listnatý	[lɪstnati:]
coniferous (adj)	jehličnatý	[jɛhlɪtʃnati:]
evergreen (adj)	stálezelená	[sta:lɛzɛlɛna:]
apple tree	jabloň (ž)	[jablonʲ]
pear tree	hruška (ž)	[hruʃka]
sweet cherry tree	třešně (ž)	[trʃɛʃne]
sour cherry tree	višně (ž)	[vɪʃne]
plum tree	švestka (ž)	[ʃvɛstka]
birch	bříza (ž)	[brʒi:za]
oak	dub (m)	[dup]
linden tree	lípa (ž)	[li:pa]
aspen	osika (ž)	[osɪka]
maple	javor (m)	[javor]
spruce	smrk (m)	[smrk]
pine	borovice (ž)	[borovɪtsɛ]
larch	modřín (m)	[modrʒi:n]
fir tree	jedle (ž)	[jɛdlɛ]
cedar	cedr (m)	[tsɛdr]
poplar	topol (m)	[topol]
rowan	jeřáb (m)	[jɛrʒa:p]
willow	jíva (ž)	[ji:va]
alder	olše (ž)	[olʃɛ]
beech	buk (m)	[buk]
elm	jilm (m)	[jɪlm]
ash (tree)	jasan (m)	[jasan]
chestnut	kaštan (m)	[kaʃtan]
magnolia	magnólie (ž)	[magno:lɪe]
palm tree	palma (ž)	[palma]
cypress	cypřiš (m)	[tsɪprʃɪʃ]
mangrove	mangróvie (ž)	[mangro:vɪe]
baobab	baobab (m)	[baobap]
eucalyptus	eukalypt (m)	[ɛukalɪpt]
sequoia	sekvoje (ž)	[sɛkvojɛ]

95. Shrubs

bush	keř (m)	[kɛrʃ]
shrub	křoví (s)	[krʃovi:]

grapevine	vinná réva (s)	[vɪnnaː reːva]
vineyard	vinice (ž)	[vɪnɪtsɛ]
raspberry bush	maliny (ž mn)	[malɪnɪ]
redcurrant bush	červený rybíz (m)	[tʃɛrvɛniː rɪbiːz]
gooseberry bush	angrešt (m)	[angrɛʃt]

acacia	akácie (ž)	[akaːtsɪe]
barberry	dřišťál (m)	[drʒɪʃtʲaːl]
jasmine	jasmín (m)	[jasmiːn]
juniper	jalovec (m)	[jalovɛts]
rosebush	růžový keř (m)	[ruːʒoviː kɛrʃ]
dog rose	šípek (m)	[ʃiːpɛk]

96. Fruits. Berries

apple	jablko (s)	[jablko]
pear	hruška (ž)	[hruʃka]
plum	švestka (ž)	[ʃvɛstka]

strawberry (garden ~)	zahradní jahody (ž mn)	[zahradniː jahodɪ]
sour cherry	višně (ž)	[vɪʃne]
sweet cherry	třešně (ž mn)	[trʃɛʃne]
grape	hroznové víno (s)	[hroznovɛː viːno]

raspberry	maliny (ž mn)	[malɪnɪ]
blackcurrant	černý rybíz (m)	[tʃɛrni rɪbiːz]
redcurrant	červený rybíz (m)	[tʃɛrvɛniː rɪbiːz]
gooseberry	angrešt (m)	[angrɛʃt]
cranberry	klikva (ž)	[klɪkva]

orange	pomeranč (m)	[pomɛrantʃ]
tangerine	mandarinka (ž)	[mandarɪŋka]
pineapple	ananas (m)	[ananas]
banana	banán (m)	[banaːn]
date	datle (ž)	[datlɛ]

lemon	citrón (m)	[tsɪtroːn]
apricot	meruňka (ž)	[mɛrunʲka]
peach	broskev (ž)	[broskɛf]
kiwi	kiwi (s)	[kɪvɪ]
grapefruit	grapefruit (m)	[grɛjpfruːt]

berry	bobule (ž)	[bobulɛ]
berries	bobule (ž mn)	[bobulɛ]
cowberry	brusinky (ž mn)	[brusɪŋkɪ]
wild strawberry	jahody (ž mn)	[jahodɪ]
bilberry	borůvky (ž mn)	[boruːfkɪ]

97. Flowers. Plants

| flower | květina (ž) | [kvetɪna] |
| bouquet (of flowers) | kytice (ž) | [kɪtɪtsɛ] |

English	Czech	Pronunciation
rose (flower)	růže (ž)	[ruːʒe]
tulip	tulipán (m)	[tulɪpaːn]
carnation	karafiát (m)	[karafɪaːt]
gladiolus	mečík (m)	[mɛtʃiːk]
cornflower	chrpa (ž)	[xrpa]
harebell	zvoneček (m)	[zvonɛtʃɛk]
dandelion	pampeliška (ž)	[pampɛlɪʃka]
camomile	heřmánek (m)	[hɛrʒmaːnɛk]
aloe	aloe (s)	[aloɛ]
cactus	kaktus (m)	[kaktus]
rubber plant, ficus	fíkus (m)	[fiːkus]
lily	lilie (ž)	[lɪlɪe]
geranium	geránie (ž)	[geraːnɪe]
hyacinth	hyacint (m)	[hɪaʦɪnt]
mimosa	citlivka (ž)	[ʦɪtlɪfka]
narcissus	narcis (m)	[narʦɪs]
nasturtium	potočnice (ž)	[pototʃnɪʦɛ]
orchid	orchidej (ž)	[orxɪdɛj]
peony	pivoňka (ž)	[pɪvonʲka]
violet	fialka (ž)	[fɪalka]
pansy	maceška (ž)	[maʦɛʃka]
forget-me-not	pomněnka (ž)	[pomnɛŋka]
daisy	sedmikráska (ž)	[sɛdmɪkraːska]
poppy	mák (m)	[maːk]
hemp	konopě (ž)	[konopɛ]
mint	máta (ž)	[maːta]
lily of the valley	konvalinka (ž)	[konvalɪŋka]
snowdrop	sněženka (ž)	[snɛʒeŋka]
nettle	kopřiva (ž)	[kopr̝ɪva]
sorrel	šťovík (m)	[ʃtʲoviːk]
water lily	leknín (m)	[lɛkniːn]
fern	kapradí (s)	[kapradiː]
lichen	lišejník (m)	[lɪʃɛjniːk]
conservatory (greenhouse)	oranžérie (ž)	[oranʒeːrɪe]
lawn	trávník (m)	[traːvniːk]
flowerbed	květinový záhonek (m)	[kvetɪnoviː zaːhonɛk]
plant	rostlina (ž)	[rostlɪna]
grass	tráva (ž)	[traːva]
blade of grass	stéblo (s) trávy	[stɛːblo traːvɪ]
leaf	list (m)	[lɪst]
petal	okvětní lístek (m)	[okvetni liːstɛk]
stem	stéblo (s)	[stɛːblo]
tuber	hlíza (ž)	[hliːza]
young plant (shoot)	výhonek (m)	[viːhonɛk]

T&P Books. Theme-based dictionary British English-Czech - 3000 words

thorn	osten (m)	[ostɛn]
to blossom (vi)	kvést	[kvɛ:st]
to fade, to wither	vadnout	[vadnout]
smell (odour)	vůně (ž)	[vu:ne]
to cut (flowers)	uříznout	[urʒi:znout]
to pick (a flower)	utrhnout	[utrhnout]

98. Cereals, grains

grain	obilí (s)	[obɪli:]
cereal crops	obilniny (ž mn)	[obɪlnɪnɪ]
ear (of barley, etc.)	klas (m)	[klas]
wheat	pšenice (ž)	[pʃɛnɪtsɛ]
rye	žito (s)	[ʒɪto]
oats	oves (m)	[ovɛs]
millet	jáhly (ž mn)	[ja:hlɪ]
barley	ječmen (m)	[jɛtʃmɛn]
maize	kukuřice (ž)	[kukurʒɪtsɛ]
rice	rýže (ž)	[ri:ʒe]
buckwheat	pohanka (ž)	[pohaŋka]
pea plant	hrách (m)	[hra:x]
kidney bean	fazole (ž)	[fazolɛ]
soya	sója (ž)	[so:ja]
lentil	čočka (ž)	[tʃotʃka]
beans (pulse crops)	boby (m mn)	[bobɪ]

95

COUNTRIES OF THE WORLD

99. Countries. Part 1

Afghanistan	**Afghánistán** (m)	[afga:nɪsta:n]
Albania	**Albánie** (ž)	[alba:nɪe]
Argentina	**Argentina** (ž)	[argɛntɪna]
Armenia	**Arménie** (ž)	[armɛ:nɪe]
Australia	**Austrálie** (ž)	[austra:lɪe]
Austria	**Rakousko** (s)	[rakousko]
Azerbaijan	**Ázerbájdžán** (m)	[a:zɛrba:jdʒa:n]
The Bahamas	**Bahamy** (ž mn)	[bahamɪ]
Bangladesh	**Bangladéš** (m)	[bangladɛ:ʃ]
Belarus	**Bělorusko** (s)	[belorusko]
Belgium	**Belgie** (ž)	[bɛlgɪe]
Bolivia	**Bolívie** (ž)	[boli:vɪe]
Bosnia and Herzegovina	**Bosna a Hercegovina** (ž)	[bosna a hɛrtsɛgovɪna]
Brazil	**Brazílie** (ž)	[brazi:lɪe]
Bulgaria	**Bulharsko** (s)	[bulharsko]
Cambodia	**Kambodža** (ž)	[kambodʒa]
Canada	**Kanada** (ž)	[kanada]
Chile	**Chile** (s)	[tʃɪlɛ]
China	**Čína** (ž)	[tʃi:na]
Colombia	**Kolumbie** (ž)	[kolumbɪe]
Croatia	**Chorvatsko** (s)	[xorvatsko]
Cuba	**Kuba** (ž)	[kuba]
Cyprus	**Kypr** (m)	[kɪpr]
Czech Republic	**Česko** (s)	[tʃɛsko]
Denmark	**Dánsko** (s)	[da:nsko]
Dominican Republic	**Dominikánská republika** (ž)	[domɪnɪka:nska: rɛpublɪka]
Ecuador	**Ekvádor** (m)	[ɛkva:dor]
Egypt	**Egypt** (m)	[ɛgɪpt]
England	**Anglie** (ž)	[anglɪe]
Estonia	**Estonsko** (s)	[ɛstonsko]
Finland	**Finsko** (s)	[fɪnsko]
France	**Francie** (ž)	[frantsɪe]
French Polynesia	**Francouzská Polynésie** (ž)	[frantsouska: polɪnɛ:zɪe]
Georgia	**Gruzie** (ž)	[gruzɪe]
Germany	**Německo** (s)	[nemɛtsko]
Ghana	**Ghana** (ž)	[gana]
Great Britain	**Velká Británie** (ž)	[vɛlka: brɪta:nɪe]
Greece	**Řecko** (s)	[rʒɛtsko]
Haiti	**Haiti** (s)	[haɪtɪ]
Hungary	**Maďarsko** (s)	[madʲarsko]

100. Countries. Part 2

Iceland	Island (m)	[ɪslant]
India	Indie (ž)	[ɪndɪe]
Indonesia	Indonésie (ž)	[ɪndonɛ:zɪe]
Iran	Írán (m)	[i:ra:n]
Iraq	Irák (m)	[ɪra:k]
Ireland	Irsko (s)	[ɪrsko]
Israel	Izrael (m)	[ɪzraɛl]
Italy	Itálie (ž)	[ɪta:lɪe]

Jamaica	Jamajka (ž)	[jamajka]
Japan	Japonsko (s)	[japonsko]
Jordan	Jordánsko (s)	[jorda:nsko]
Kazakhstan	Kazachstán (m)	[kazaxsta:n]
Kenya	Keňa (ž)	[kɛnʲa]
Kirghizia	Kyrgyzstán (m)	[kɪrgɪsta:n]
Kuwait	Kuvajt (m)	[kuvajt]

Laos	Laos (m)	[laos]
Latvia	Lotyšsko (s)	[lotɪʃsko]
Lebanon	Libanon (m)	[lɪbanon]
Libya	Libye (ž)	[lɪbɪe]
Liechtenstein	Lichtenštejnsko (s)	[lɪxtɛnʃtɛjnsko]
Lithuania	Litva (ž)	[lɪtva]
Luxembourg	Lucembursko (s)	[lutsɛmbursko]

Macedonia (Republic of ~)	Makedonie (ž)	[makɛdonɪe]
Madagascar	Madagaskar (m)	[madagaskar]
Malaysia	Malajsie (ž)	[malajzɪe]
Malta	Malta (ž)	[malta]
Mexico	Mexiko (s)	[mɛksɪko]

Moldova, Moldavia	Moldavsko (s)	[moldavsko]
Monaco	Monako (s)	[monako]
Mongolia	Mongolsko (s)	[mongolsko]
Montenegro	Černá Hora (ž)	[tʃɛrna: hora]
Morocco	Maroko (s)	[maroko]
Myanmar	Barma (ž)	[barma]

Namibia	Namibie (ž)	[namɪbɪe]
Nepal	Nepál (m)	[nɛpa:l]
Netherlands	Nizozemí (s)	[nɪzozɛmi:]
New Zealand	Nový Zéland (m)	[novi: zɛ:lant]
North Korea	Severní Korea (ž)	[severni: korɛa]
Norway	Norsko (s)	[norsko]

101. Countries. Part 3

Pakistan	Pákistán (m)	[pa:kɪsta:n]
Palestine	Palestinská autonomie (ž)	[palɛstɪnska: autonomɪe]
Panama	Panama (ž)	[panama]
Paraguay	Paraguay (ž)	[paragvaj]

97

Peru	Peru (s)	[pɛru]
Poland	Polsko (s)	[polsko]
Portugal	Portugalsko (s)	[portugalsko]
Romania	Rumunsko (s)	[rumunsko]
Russia	Rusko (s)	[rusko]
Saudi Arabia	Saúdská Arábie (ž)	[sau:dska: ara:bɪe]
Scotland	Skotsko (s)	[skotsko]
Senegal	Senegal (m)	[sɛnɛgal]
Serbia	Srbsko (s)	[srpsko]
Slovakia	Slovensko (s)	[slovɛnsko]
Slovenia	Slovinsko (s)	[slovɪnsko]
South Africa	Jihoafrická republika (ž)	[jɪhoafrɪtska: rɛpublɪka]
South Korea	Jižní Korea (ž)	[jɪʒni: korɛa]
Spain	Španělsko (s)	[ʃpanelsko]
Suriname	Surinam (m)	[surɪnam]
Sweden	Švédsko (s)	[ʃvɛ:tsko]
Switzerland	Švýcarsko (s)	[ʃvi:tsarsko]
Syria	Sýrie (ž)	[si:rɪe]
Taiwan	Tchaj-wan (m)	[tajvan]
Tajikistan	Tádžikistán (m)	[ta:dʒɪkɪsta:n]
Tanzania	Tanzanie (ž)	[tanzanɪe]
Tasmania	Tasmánie (ž)	[tasma:nɪe]
Thailand	Thajsko (s)	[tajsko]
Tunisia	Tunisko (s)	[tunɪsko]
Turkey	Turecko (s)	[turɛtsko]
Turkmenistan	Turkmenistán (m)	[turkmɛnɪsta:n]
Ukraine	Ukrajina (ž)	[ukrajɪna]
United Arab Emirates	Spojené arabské emiráty (m mn)	[spojɛnɛ: arapskɛ: ɛmɪra:tɪ]
United States of America	Spojené státy (m mn) americké	[spojɛnɛ: sta:tɪ amɛrɪtskɛ:]
Uruguay	Uruguay (ž)	[urugvaj]
Uzbekistan	Uzbekistán (m)	[uzbɛkɪsta:n]
Vatican	Vatikán (m)	[vatɪka:n]
Venezuela	Venezuela (ž)	[vɛnɛzuɛla]
Vietnam	Vietnam (m)	[vjɛtnam]
Zanzibar	Zanzibar (m)	[zanzɪbar]

Printed in Great Britain
by Amazon